Martin Schmitz Verlag
Kassel - Berlin

W0189893

Andreas Brandolini

KAMIN
GESPRÄCHE
Interviews und Monologe
unter Mitarbeit von Daniel Funke

Die Deutsche Bibliothek - CIP-Einheitsaufnahme
Kamingespräche : Interviews & Monologe / Andreas
Brandolini. - Kassel : Schmitz, 1994
 ISBN 3-927795-16-X
NE: Brandolini, Andreas
© Martin Schmitz Verlag, Alle Rechte vorbehalten
Layout: Rolf Schepelmann
Druck: Grafische Werkstatt seit 1980 GmbH
Printed in Germany

Eva Maria Ocherbauer - Die vier Amigos, 1988
Die Postkarte zeigt Andreas Brandolini gleich viermal; das
gleiche Motiv befindet sich auch auf dem Cover des ersten
Buches von Andreas Brandolini ,,Der Haken - Texte über
Design'' dieses Verlages.

Vorwort

1.) Im Herbst 1990 fragt mich ein Londoner Verleger und Buchproduzent, ob ich ein Buch über die heutige Design-Avantgarde aus meiner Sicht schreiben möchte. Er stellt sich einen richtigen hochglanz-bunten Farb-Schinken vor.

2.) Zunächst ruft das „Avantgarde"-Thema bei mir leichten Schüttelfrost hervor; schließlich bin ich kein Lifestyle-Journalist. Aber geschmeichelt bin ich schon.

3.) Mir kommt die Idee, Interviews mit bekannten oder weniger bekannten (aber interessanten) Protagonisten der europäischen Designszene zu machen, um somit die „Avantgarde-Frage" weiterzureichen. Das gefällt mir schon besser, zumal damit einige Reisen zusammenhängen; - und reisen macht mir Spaß.

4.) Dem Verleger gefällt die Idee gut.

5.) Im Frühjahr 1991 beginne ich die Arbeit, am Ende des Jahres ist das Buch fertig. Der Verleger fängt an zu kalkulieren, sucht andere Verleger in anderen Kontinenten, um den nicht unerheblichen Produktionsaufwand auf mehrere Schultern zu verteilen und findet einen in den USA. Ich freue mich.

6.) Plötzlich macht der amerikanische Verleger einen Rückzieher: wirtschaftliche Situation, Krise usw... Dem Londoner Verleger geht es auch nicht besonders. Mitte 1992 sucht sich die Lektorin einen neuen Job, und ich suche halbherzig einen neuen Verleger. Dann vergesse ich die ganze Sache, weil ich meinen Wohnsitz wechsele und mich mit anderen Dingen beschäftige.

7.) Zwei Jahre später, 1994 besucht mich Martin Schmitz. Mir fällt das Buch wieder ein, und ich zeige ihm das Manuskript. Es gefällt ihm, und er fragt mich, ob er nicht wenigstens die Texte in bescheidener Form drucken könnte. Hochglanz-Farb-Schinken übersteigen seine Möglichkeiten.

8.) Erst denke ich, daß die Interviews nach drei Jahren bestimmt an Aktualität eingebüßt haben und habe überhaupt keine Lust, das Ding zu publizieren. Dann lese ich alles nocheinmal durch und ändere meine Meinung. Die Zeit ist gar nicht so schnell wie man immer denkt.

9.) Ich frage Rolf Fehlbaum, ob er das, was er mir damals sagte, immer noch sagen würde, und nachdem er es gelesen hat, würde er dies - zu seinem Erstaunen - tun.

10.) Neben den Gesprächen, die ich führte, sammelte ich auch Statements. Um die Autoren in ihren Ausführungen nicht zu unterbrechen, ließ ich diese Beiträge als Monologe stehen.

11.) Martin Schmitz druckt das Buch.

12.) So war's.

Andreas Brandolini, im November 1994

Identität

Oscar Tusquets Blanca - Gaulino, Stuhl,
Stuhl mit Armlehne und Hocker; Eiche, Sperrholz und
Kuhleder; verschiedene Ausführungen. Produzent: C.Jane

Oscar Tusquets Blanca
UNBEABSICHTIGT CATALANISCH

*Andreas Brandolini: Kürzlich habe ich in einem Magazin ge-
lesen, daß jemand dich als Vater der spanischen Avantgarde
bezeichnet hat. Wie kommt das?*

Oscar Tusquets Blanca: Keine Ahnung. Wer hat das gesagt?
Ich mag es nicht, so bezeichnet zu werden, denn wenn man
über Avantgarde spricht, hat das immer etwas zweifelhaftes.
Was ist gemeint? Eine europäische Bewegung um den ersten
und zweiten Weltkrieg herum? Eine generelle Einstellung gegenüber der Kunst? Eine Avantgarde in diesem Sinne interessiert mich nicht mehr. Sich der Kunst in dem Bewußtsein zu
nähern, notwendig etwas Neues machen zu wollen, halte ich
für keine gute Herangehensweise. Das ist nicht meine Art. Ich
mag den Begriff ,,Avantgarde'' nicht sehr und ,,Vater'' in diesem Zusammenhang natürlich erst recht nicht.

*Das gleiche Problem habe ich auch mit dem Begriff Avantgar-
de. Design-Avantgarde, ich weiß nicht, was man darunter versteht. Der Begriff wird einfach benutzt, die Firmen benutzen
ihn, die Verleger benutzen ihn - und sie benutzen dich.*

Ich selbst habe dieses Adjektiv nie auf mich angewendet.

Hattest du je das Gefühl, zur Avantgarde zu gehören?

Vielleicht als ich sehr jung war. 1965 in Spanien über Design
zu sprechen, war vollkommen neu, in diesem Sinne war es
avantgardistisch. Die Produzenten zu überzeugen war unmöglich, also mußten wir selbst eine kleine Firma gründen. Wir
waren sehr am Design interessiert, haben die Möglichkeiten
gesehen und wollten die Leute überzeugen, das ist wahr. In
Spanien war es damals ganz anders als in Italien. Aber das hat
sich mittlerweile vollkommen geändert. Spanien ist heute für

Designer ein idealer Ort zum Arbeiten, gerade für junge Leute. Es gibt einen Haufen Möglichkeiten.

Hast du eigentlich die Dias ausgesucht, die mir geschickt wurden? Da ist eine Lücke. Es hört 1978 mit ziemlich industriellen Produkten, wie für die Küche, auf und beginnt dann erst wieder 1985. Ist das Zufall?

Das hat mit meiner persönlichen Entwicklung zu tun, vielleicht war das eine Zeit, in der ich mich wieder mehr auf die Architektur konzentriert habe.

Du hast erst Design gemacht, dann mehr Architektur und jetzt wieder Design?

So in etwa, aber ich habe nicht den Eindruck, daß da ein regelrechter Einschnitt ist in den Jahren. Wir können ja mal in mein Curriculum gucken. Tatsächlich gab's in dieser Zeit viele Dinge, wie das Zeug für die Küche, die industrieller aussehen, als sie waren. Meine Zusammenarbeit mit der Industrie beginnt eigentlich erst mit Alessi. Aber ich bin auch gar nicht so sehr daran interessiert, was Industrial Design ist und was nicht. Wenn ich als Designer arbeite, ist es mir gleich, ob es Handarbeit oder maschinelle Fertigung ist. Die Werkzeuge sind unterschiedlich, aber in beiden Fällen kann es sehr interessant sein. Um ehrlich zu sein, weiß ich gar nicht, was das genau ist, Industrial Design.

Die Industrial Designer in Deutschland sagen: ,,Wir machen nur Massenproduktion, alles andere interessiert uns nicht. Das ist Kunsthandwerk!"

Zunächst mal habe ich nichts gegen Kunsthandwerk, ich mag es. Außerdem glaube ich nicht, daß es da zwei Berufe gibt. Architekten arbeiten nicht industriell, aber ich bin doch auch ein Designer. Ich arbeite mit der gleichen Begeisterung an einem Kerzenhalter, von dem wir in Handarbeit vielleicht 20

Stück im Jahr machen, wie an einem, von dem 20.000 entstehen werden. Für mich ist die Grenze zwischen Industrial Design und Kunsthandwerk sehr verschwommen. Wenn ich mit Maschinen arbeite, tue ich das sehr gerne und versuche die Möglichkeiten auszuforschen. Ich weiß, daß außerhalb Spaniens die Leute das in einer anderen Weise sehen. Ich bin sicher, Dieter Rams ist nicht meiner Meinung.

Das liegt auch daran, wie du die Gesellschaft siehst. Manchmal scheint mir, daß die Industrial Designer die Gesellschaft nur als Industriegesellschaft sehen. In einem Fax habe ich dir mal geschrieben, daß ich deine Arbeit in Beziehung sehe zur spanischen oder zur katalanischen Kultur, und du hast zurückgeschrieben ,,well ...‘‘

Ja. Von innen ist das sehr schwer zu beurteilen. Manchmal ist es deutlich zu sehen, z.B. bei dem Stuhl, den wir dann ,,Gaulino Stuhl‘‘ genannt haben, weil wir plötzlich feststellten, mittendrin, ,,Oh, sieht aus wie halb Gaudi, halb Mollino, warum nennen wir ihn nicht Gaulino?‘‘ Als ich den Raum machte, mit Lluis Clotet, für das Forum Design in Linz, ,,Was man für zwei Schilling pro Tag kaufen kann‘‘, sagten einige Leute, das sei absolut spanisch - vielleicht weil es vollkommen schwarz war. Nun, ich war darüber froh, aber es war mir überhaupt nicht bewußt. Deswegen habe ich geschrieben ,,well ...‘‘, denn es ist ganz unabsichtlich.

In gewisser Weise ist es eine Frage der Entscheidung: Ob du sagst, O.K., ich bin ein katalanischer Architekt, ich lebe in Barcelona, oder ob du denkst wie manche Architekten in Düsseldorf, die sich sehr polyglott geben: ,,Es ist nur Zufall, daß wir hier sind, wir sind universale Künstler, die Kulturen vermischen sich und grundsätzlich gibt es keinen Unterschied zwischen New York, Düsseldorf, Mailand und Barcelona.‘‘

Nein, ich lebe nicht zufällig in Barcelona, etwa weil ich hier geboren bin oder hier studiert habe, aber ich bin auch nicht nationalistisch, ich fühle mich wohl in Japan, in Deutschland, obwohl ich nicht unbedingt dort wohnen wollte, denn das ist eine andere Sache. Ich könnte auf das Mediterrane nicht verzichten, das ist in mir drin. Aber ich bin zum Beispiel in jungen Jahren in Italien gewesen, ich habe wirklich eine Leidenschaft für Italien entwickelt. Ich mag also das Italienische sehr, aber als ich dorthin kam, sagten sie mir, es sei ganz klar, daß ich Spanier bin. Die erste Geschichte, die ich für Alessi machte, auf Einladung von Mendini, kam sofort sehr gut an, denn sie sagten ganz glücklich „Es ist möglich! Das ist zwar schwierig zu machen, aber es geht!" Das war ungewöhnlich und Mendini erklärte mir, von einem italienischen Designer hätte das unmöglich sein können. Darauf ich: „Das kann ich mir nicht vorstellen, es ist nicht sehr spanisch." „Nein, nein, nein, die Italiener haben im Moment eine Menge Probleme ..." Vielleicht ist das von innen tatsächlich schwer zu erkennen. Aber: Als ich die Auswahl traf für das Design-Jahrbuch und aus 2000 Dias wählen mußte, hatte ich zum ersten Mal den Eindruck, es gibt da etwas im spanischen Design, das den Beginn eines Stils darstellt, den Anfang von etwas Persönlichem.

Ich denke man braucht nicht nationalistisch zu sein, wenn man sein Land mag.

Natürlich mag ich mein Land, aber ich war mir nicht bewußt, wie das in meinen Sachen zum Ausdruck kommt. Ich arbeite mit spanischen Produzenten, das ist ein großer Vorteil, wir können uns jede Woche sehen, ein Stuhl wie der Gaulino Stuhl wäre mit einer ausländischen Firma unmöglich herzustellen gewesen, allein wegen der Zeit für die Gespräche. Aber ich habe auch mit italienischen Produzenten gearbeitet, was viele Vorteile hat, ich war damit sehr glücklich. Als Architekt habe ich in Japan gearbeitet, und da haben die Leute auch gesagt, es sehe sehr spanisch aus. Das passiert. Als ich die Stücke aussuchte für das Jahrbuch, ging es mir mit dir genauso, es kam mir sehr sehr deutsch vor. Ich kann nicht genau sagen, woran es liegt. Es war so streng, so häßlich, so ..., weiß nicht - eben deutsch, diese Lampe, mit den Ketten, dem Holz. Mal umgekehrt: Fühlst du dich als ein deutscher Designer?

Ich bin zumindest an dem typisch Deutschen interessiert. Ich versuche die Realität genau zu beobachten. Die deutsche Realität und meine Realität. Daher nehme ich häßliche Sachen und schöne Sachen und kombiniere sie. Ich versuche mit der Kultur und der Geschichte zu arbeiten, da kann man schon was häßliches machen. Andrea Branzi sagt: „Jetzt, wo Europa zusammenkommt und die Grenzen fallen, müssen wir nach mehr Identität suchen!" Er verkündet das wie ein Programm, aber ich bin nicht sicher ob das so funktioniert. Aber zurück zu dir: Wenn ich es richtig verstanden habe, ist Design für dich jedenfalls immer Ausdruck von irgend etwas.

Das will ich hoffen! Wenn du sagst, du siehst in meiner Arbeit etwas katalanisches, kann ich nur antworten, ich mag eine Persönlichkeit in den Dingen, und vielleicht ist diese Persönlichkeit mein Land.

Das ist ja durchaus unterschiedlich! Leute, die mit einer Science-Fiction-Philosophie arbeiten oder mit High-Tech, haben keine Persönlichkeit in ihren Dingen.

Ja, das finde ich auch uninteressant. Ich möchte persönliche Dinge machen. Ich mag auch keine Programme für die Kunst. Vielleicht für die Wirtschaft. Ich denke, die Vision, daß eine Entwicklung in der Kunst sehr programmatisch und intellektuell mit einer Elite beginnt und dann bei den Massen ankommt, funktioniert nicht mehr. Für manche Künste mag das zutreffen, aber heute ist das anders, es ist ein Dialog, und es gibt die Massenprodukte, die auch uns als Architekten beeinflussen. Ich habe mir eine Zahnbürste von Phillip Starck gekauft. Du gehst also in eine Apotheke, sagst: „Haben sie die Zahnbürste von Starck?" „Ja!" Sie kennen Starck, haben alle Farben da. „Macht 300 Pesetas, bitte!" Ich kaufe eine für meine Tochter, eine für meinen Freund, eine für meine Frau. Design in der Apotheke! 300 Pesetas! Es gibt interessante Unterschiede zwischen Architektur und Design. Manchmal ist die Architektur im Vorsprung und beeinflußt die anderen Künste, zu anderen Zeiten übernehmen andere Künste die Führung.

In den 70ern - wenn ich an Archigram und Haus-Rucker-Co. denke - waren die Architekten vorneweg. Ich erinnere mich, ich studierte in den frühen 70ern und schaute immer, was sie taten, war begeistert davon. Ende der 70er begann ich in einem Designbüro zu arbeiten. Ich kam dort an mit meinen Vorstellungen, und die hatten keine Ahnung, wovon ich sprach. Sie fragten mich, was für Bücher ich denn lesen würde.

Anfang der 70er Jahre fingen wir hier mit der Postmoderne an.

Kannst du immer noch mit postmodernen Ausdrucksmitteln arbeiten?

Der Gebrauch, den z.B. die amerikanischen Architekten von der Postmoderne gemacht haben, war so stark, daß sie nun vollständig aus der Mode gekommen ist. Ich glaube immer noch an die Dinge, die ich entwickelt habe. Was wir im Moment ausdrücken wollen in unserer Architektur, ist vollkommen aus der Mode. Aber es ist unmöglich, alle zwei Jahre mit den Moden die Sprache zu wechseln.

Was ist im Moment in Mode, deiner Meinung nach?

Dekonstruktivismus, Zaha Hadid, Frank Gehry, Kalifornien, povere Materialien und französische Architektur, Glaskästen. Vielleicht ist es auch schon wieder aus der Mode - das geht sehr schnell. Die Vorstellung des Künstlers als Bohémien, der in einer Dachstube in Paris arbeitet, sehr komplizierte Dinge tut und unbekannt stirbt, trifft nicht mehr zu. Die Leute sind schon zu Lebzeiten sehr bekannt und sehr gute Künstler.

Das hat sich auch durch die Massenmedien verändert.

Ja, wir haben die Möglichkeiten so schnell zu kommunizieren, daß so eine Entwicklung heute ganz anders aussieht. Schon Gaudi war in sehr kurzer Zeit so populär, daß man überall in Barcelona Geschäfte, Apotheken usw in seinem Stil fand. Kleine Geschäfte, ohne viel Geld gemacht. Sie waren vollkommen überzeugt davon in dieser Zeit. Das ging sehr schnell, hat höchstens zwanzig Jahre gedauert, von 1890 bis 1910.

Das hat mich sehr beeindruckt: Ich war in der Kirche, die nicht fertig geworden ist, Sagrada Familia, dort waren Fotos von Gaudi's Beerdigung mit tausenden von Menschen in den Straßen!

Aber Gaudi lag falsch, die Architektur ging nicht seinen Weg. Was Gaudi ausmacht, ist nicht so deutlich. Neulich kam ein Japaner, der rief: ,,Das ist Zen!'', andere Leute sagen ,,Das ist Jesus Christus!'' Was denn nun? Ich denke, es war eine sehr modernistische Sicht des Künstlers, daß sein einziger Zweck darin besteht, die Zukunft zu sehen - das ist heute nicht mehr seine Aufgabe.

Sondern? Wie siehst du das bei dir selbst?

Es ist eben unterschiedlich. Ettore Sottsass und Memphis sind nicht wie Venturi. Ich interessiere mich sehr für Venturi. Sottsass und Memphis dagegen waren nicht an einer Reflektion über bestehende Möbel interessiert. Sie wollten Freiheit in's Design bringen. In dieser Hinsicht ist meine Sprache nicht die von Memphis, aber ich habe nie gegen Memphis gesprochen, auch sie wollten das funktionale, uniforme Design aufbrechen. Manche europäische Architekten wie Hollein oder Rossi wollten in diesem Moment ein Nachdenken über die gegenwärtige Architektur, dafür habe ich mich immer sehr interessiert.

Vielen Dank für das Gespräch.

Volker Albus - Römerberg, 1987-88;
Foto: Felix Borkenau

18

François Burkhardt
REGIONALISMUS

Andreas Brandolini: Du warst in den 70er Jahren in Berlin am IDZ und hast viele Veranstaltungen und Ausstellungen gemacht, die sich mit Avantgarde auseinandergesetzt haben, dann Ähnliches am Centre Pompidou auch wieder, z.B. ,,Les Avant-Gardes du Mobilier - Berlin'' oder ,,Hauptstädte des europäischen Design''. Was ist unter dem Schlagwort ,,Avantgarde'' heute eigentlich zu verstehen?

François Burkhardt: Avantgarde ist ein Begriff, den ich heute nicht mehr gern benutze. Er bezieht sich auf eine historische Situation, die die Spitzenleistungen in Kunst, Design und Architektur von den übrigen künstlerischen Leistungen unterscheidet. Mit diesem Begriff verbinden wir z.B. die Leistungen der italienischen Futuristen, der russischen Konstruktivisten, oder der deutschen Funktionalisten. Es sind alles Bewegungen, die die Moderne charakterisiert haben. Es scheint mir, daß der Begriff Avantgarde auf die heutige Situation angewandt nicht mehr stimmig ist. Ich gehe davon aus, daß sogenannte avantgardistische Leistungen zwar vorhanden sind, aber daß sie nicht mehr auf die Ausarbeitung von Modellen zielen, welche, wie zu Beginn unseres Jahrhunderts, im Grunde auf das Erfassen der Ganzheit menschlicher Lebenssituationen zielten und damit zumindest vom Konzept her versuchten, andere Modelle auszuschließen. Natürlich werden auch heute Spitzenleistungen in Kunst, Design und Architektur erzeugt, aber anders als bei den historischen Avantgarden entfällt das Streben nach ganzheitlichen Modellgedanken.

Für mich bezeichnet ,,Avantgarde'' eine Bewegung innerhalb der Gesellschaft mit dem Ziel, diese sozial zu verändern. Was du angesprochen hast, die Avantgarde der 20er Jahre, die russischen Konstruktivisten, die war ja sehr stark an eine soziale Bewegung gekoppelt.

Sicher. Dies gilt aber nicht für alle Avantgarden, zum Beispiel die italienischen Futuristen. Aber gesellschaftlicher Fortschritt als Ziel ist heute nicht mehr als Entwurf für Alle gleichermaßen denkbar, weil zuviele divergierende Wunschbilder existieren und sich artikulieren. Zwar versucht der Designer immer etwas gesellschaftlich sinnvolles zu leisten, aber die „Bühnen" im Sinne von Lebensbühnen, die wir heute gestalten, sind auf unterschiedliche gesellschaftliche Gruppen hin orientiert. Die Menschen wollen sich darstellen, vorstellen, und das ist nicht nur ein individueller Wunsch, sondern in der veränderten gesellschaftlichen Situation auch eine Notwendigkeit. Der Einzelne - oder auch Gruppen Gleichgesinnter - richtet sich sein „Theater" ein, in dem er quasi sich selbst „aufführen" kann. Und ich sehe zum Beispiel in der Entfaltung dieser individuellen Möglichkeiten durchaus einen sozialen Fortschritt. Die historische Avantgarde bezieht sich auf die Gesellschaft, heute ist das Individuum stärker in den Mittelpunkt der Überlegungen gerückt. Weder das historische Verhalten vom Beginn unseres Jahrhunderts, noch das heutige, das sich in erster Linie dem Individuum zuwendet, erscheint mir ideal, denn selbstverständlich gibt es Problemstellungen in beiden Bereichen, die ständig nach vorwärtsweisenden Lösungen verlangen. Der Begriff des Standards - vom Bauhaus benutzt - berief sich auf die Vorstellung einer möglichen sozialen Gleichheit. Man hoffte, durch gleiche Objekte für Alle auch denselben Status für Alle zu gewinnen. Das sind Gedankengänge, die uns heute eher kurios als avantgardistisch erscheinen. Im gegenwärtigen Gestaltungsprozess dominiert die Vielfalt der Problemstellungen, die alle für sich soziale Relevanz haben können, oder müssen, ich denke z.B. an die Ökologie. Es kann auch ein scheinbar soziales Engagement geben, das im Endeffekt mehr Probleme schafft als es löst, wenn es absolut gesetzt wird. Hierzu fällt mir die „gute Form" ein. Sie förderte ein rigides Einheitsmodell mit unumstößlichen Kriterien. Dieser Haltung wird heute von vielen Seiten der Kampf angesagt.

Gut, aber wenn ich mich an die Anfänge des Umdenkens in Deutschland erinnere, hat das auch was mit Rebellion zu tun gehabt, weil es eine ganz starke Abwendung war von dem klassischen Industriedesign, das ja aus der Avantgarde der 20er Jahre hervorgegangen ist und dann gesellschaftlich wirksam wurde. Zwar auf eine andere Art, als es gedacht war, aber diese epigonale Art zu denken, diese von dir genannte ,,gute Form", ist zu einer Institution geworden. Wir haben uns dagegen eigene Strukturen geschaffen und den Boden bereitet, wieder in kontroversen Kategorien denken zu können.

Mich interessiert heute stärker der Versuch, zeitgemäß zu denken und zu arbeiten, als avantgardistisch zu sein. Es gibt Zeiten, in denen die Lösungen für bestimmte Problemstellungen von Einzelnen nicht ohne weiteres zu finden sind. Als Institutionsleiter habe ich versucht, mit Gestaltern und Theoretikern Antworten zu offenen Problemstellungen zu provozieren. So zum Beispiel in der Entwurfswoche ,,Essen und Ritual", zu welcher wir eine Reihe von interessanten Gestaltern eingeladen haben, die sich mit ihren völlig unterschiedlichen Ansätzen an die Arbeit gemacht haben. Wir haben eine Woche lang gemeinsam diskutiert und gearbeitet. Das Programm bestand aus Kriterien, die im Normalfall im Briefing unberücksichtigt bleiben: Kriterien der Kommunikation, der Ausbildung von Identität, Fragen der sozialen Veränderung etc... Über diesen Weg entwickelten sich andere Gedankenprozesse, die zu unerwarteten, überraschenden Objekten führten. Ich habe Briefings gesehen, die ich als kontraproduktiv bezeichnen möchte, weil sie kreatives Denken von vornherein in jeder Hinsicht zu gängeln versuchen. Ich meine, daß wir selber ständig darum bemüht sein sollten, Grenzen in unseren Köpfen zu überprüfen und gegebenenfalls abzubauen, damit wir lernen, uns angstfrei mit den Problemen zu befassen. Die Entwurfswochen wie z.B. ,,Essen und Ritual" haben gezeigt, daß es nicht in erster Linie die handfesten Kriterien sind - wie Funktion, Produktion, Ergonomie, Wartungsfreundlichkeit, Umweltverträglichkeit etc. - die heute die Qualität eines Produktes ausmachen. Das Produkt kann diese perfekt erfüllen, und dennoch genügt es heutigen Anforderungen nicht. Eigentlich erwartet man von den Objekten heute, daß sie im weitesten Sinne „funktionieren" - Umweltverträglichkeit selbstverständlich eingeschlossen - aber man erwartet weitergehend auch zusätzliche Werte, die den Nutzern auch psychosoziale Dimensionen erschließen, das heißt auch nichtmaterielle Werte im Objekt sichtbar machen. Die Objekte brauchen im kulturellen Prozess Sinn, und dieser schließt neben den bisher als „Funktionen" umschriebenen Eigenschaften auch nichtmaterielle Werte ein. Es gibt Fälle, in denen dieser „Mehrwert" zum eigentlichen Wert des Objektes geworden ist. Kommerzielles Denken allein genügt nicht mehr. Weil das so ist, benutzt die Werbung immer häufiger Anleihen aus der Kunst.

Findest du das schlecht?

Nein, es kann auch Fortschritt bedeuten. Es ist nicht so gekommen, weil sich die Wirtschaft kulturell engagieren wollte, sondern weil die Werbestrategen erkannt haben, daß sich der Bedarf der Konsumenten verändert hat. Der Verbraucher begann sich bei stupider Werbung zu langweilen, er war gereist, hatte Museen gesehen, sich manche Kunstkenntnisse angeeignet und war nun in der Lage, auch versteckte kulturelle Symbole wiederzuerkennen etc... Das sind Vorgänge, die auch für das Produktdesign wichtig werden können. Die Aneignung der Welt durch Differenzierung ist im Dienste des Individuums eine Hauptaufgabe des Design. Es ist heute ein Verhältnis von Kunst und Design entstanden, in welchem es die verschiedensten Wechselbeziehungen gibt. So sind z.B. Motive oder Bilder von Magritte die Spitzenreiter der in der Werbung verwendeten Bilder. Andererseits haben sich Künstler wie Oldenburg oder Hamilton ausführlich mit der Darstellung und Umkehrung von Design-Objekten befaßt. Es gibt vielerlei Versuche, auch für industriell hergestellte Waren, zusätzliche Wertedimensionen zu erschließen. Dies ließ sich in der Ausstellung „Kunst und Werbung" (Paris, Centre G.Pompidou, 1990) sehr gut ablesen. Was die Ausstellung „Die Hauptstädte des euro-päischen Design" (Paris, Centre G.Pompidou, 1991) betrifft, und was Andrea Branzi und mich bewegt hat, diese zu veranstalten, ist folgendes: Mit der Infragestellung des „guten Design" hängen viele Designer theoretisch in der Luft. Die Kriterien, die sie bis dahin hatten, lassen sich in der gesellschaftlich veränderten Situation der Nachmoderne nicht mehr für den Entwurfsprozess verwenden. Die Kluft zwischen Theorie und Praxis ist im Design in den letzten Jahren immer größer geworden. Was mit der Ausstellung „Wohnen von Sinnen" (Düsseldorf, Kunstmuseum, 1986) gezeigt wurde, war die erste Übersicht über das „Neue Design". Das Ganze ließ sich damals theoretisch nur in vagen Umrissen verstehen. Deshalb wollten wir mit dieser Ausstellung versuchen, Denkansätze für das Verständnis für das „Neue Design" vorzustellen. Unter „Neues Design" verstehen wir die Gesamtheit von verschiedenen Bewegungen, die sich in den letzten 20 Jahren entwickelt haben und eine grundlegende Erneuerung hervorgebracht haben. Diese Erneuerungen beziehen sich auf die Entwurfsmethoden zur Erzeugung neuer Sprachen, optischer Sprachen, die unserer zweiten, der künstlichen Natur des Ende unseres Jahrhunderts eigen sind. Das „Neue Design" befaßt sich nicht im Wesentlichen mit einzelnen Objekten. Es interessiert sich jenseits des technologischen Aspektes der Produktion und Distribution für die Anwendung anthropologischer Erkenntnisse und geht ein auf psychologische Werte. Das „Neue Design" ist Ausdruck einer hybriden Kultur der Pluralität. Das System der in Massen produzierten Objekte wird ersetzt durch eine Produktionslogik, die auf Kontrasten basiert: auf dem Markt finden sich „ephemere" neben „ewigen" Produkten, neben hochtechnologischen existieren handwerkliche Produktionsvorgänge, archaische Formen neben innovativen Formen. Alles das zusammengenommen führt zur Gleichzeitigkeit der verschiedensten Ausdrucksformen, die sich in einem widersprüchlichen Gleichgewicht befinden, die das System der Produktion und insbesondere das des Konsums ohne weiteres verkraften kann. Das „Neue Design" ist heute keine Randerscheinung mehr, sondern steht in direktem Bezug zum Projekt einer sich weiter entfaltenden Industriegesellschaft.

Aber wenn man diese Industrielandschaft genau ansieht, stellt man fest: was du zuletzt beschreibst, findet fast nur in Italien statt. Mit Einschränkungen noch in Frankreich und Spanien.

Also, das ist zusammen schon ein ganzes Stück Europa!

Wobei man zu Spanien sagen muß, daß diese Entwicklung ganz neu ist.

Es tut sich was, nicht nur in Spanien wechseln die Generationen von Unternehmern und Designern. Diese kommen mit neuen Einsichten und Einstellungen und bemühen sich oft, den veränderten neuen gesellschaftlichen Bedingungen gerecht zu werden in ihrer jeweiligen Arbeit. Es ist nicht ein Stil, der die Postmodernität kennzeichnet, sondern es sind die sich wandelnden gesellschaftlichen Voraussetzungen, z.B. der Übergang von einer mechanisch orientierten zu einer kybernetischen Produktion. Das ist das Eine. Im scheinbaren Widerspruch dazu steht das Phänomen regionaler Eigenarten, die sich auch im Industrie-Design manifestieren. Dem allgegenwärtigen Internationalismus gegenüber manifestiert sich ein Verlangen danach, die örtlichen Wurzeln vor dem Verschwinden zu bewahren, sie als Ausgangspunkt für die eigenen Kulturen wieder wahrzunehmen. Man sucht deshalb in verschiedenen Sparten danach, regionale Eigenarten wieder aufzugreifen und weiter zu verarbeiten. Ich will gleich klarstellen, daß diese Haltung nur im Sinne einer Anregung und Weiterentwicklung produktiv sein kann, denn das platte Zitieren oder Reproduzieren von traditionellen Momenten läuft sonst Gefahr, in ein nostalgisch reaktionäres Fahrwasser zu geraten. Auch Traditionen sind keine unwandelbaren Größen, sie lassen sich mit entsprechendem Fingerspitzengefühl weiterführen und erneuern. Traditionelle Momente oder Werte müssen eingebunden werden in gesellschaftliche Veränderungen, dadurch erfahren auch sie durchaus belebende Transformationen. Eine weitere Feststellung von Branzi und mir ist, daß sich die wesentlichen Impulse für das „Neue Design" in den Metropolen entwickeln. Dabei fällt mir auf, daß in den vergangenen Jahren so oft versichert wurde, die Metropole sei das Anonyme. Nun zeigt sich, daß die Peripherie der Städte das Anonyme ist, die Stadt durchaus lebendige und konfliktreiche Kommunikationsstrukturen entwickelt, die zur Auseinandersetzung reizen und in den glücklichsten Fällen tatsächlich zu wichtigen kulturellen Erneuerungen führen. Allerdings liegen diese kulturell sehr produktiven Verhältnisse in allen Metropolen etwas anders, denn auch in den Metropolen spiegeln sich die gelebte Geschichte und die unterschiedlichsten Traditionen; sowohl im Bereich der Alltagskultur als auch in Denk- und Verhaltensweisen. Das erlaubt es uns dann, von Design-Dialekten der verschiedenen Metropolen zu sprechen.

Das widerspricht dem, was den Städten droht, wenn man z.B. Virilio glauben schenkt: die totale Auflösung.

Dem könnte man entgegenhalten, daß Norbert Elias sagt, die Stadt sei der entscheidende Schmelztiegel der Kulturen. Aber ich bin der Meinung, daß sowohl Virilio als auch Elias recht haben. Städte stellen sowohl das Eine als auch das Andere dar. Und auch die Spannungen aus diesen Zuständen können wieder produktive Faktoren sein. Außerdem haben wir festgestellt, daß parallel zur europäischen Vereinigung, die sich charakterisieren läßt durch eine verstärkte Normierung und sicher notwendige Vereinheitlichung wie: gleiche Ausbildung, gleichwertige Diplome, gleiche Stecker für den gleichen Strom, gleiches Geld etc... der Wunsch von Regionen, sich verstärkt als eigenständig erfahrbar zu bleiben; sie möchten unterscheidbar bleiben, nicht unsichtbar werden im großen Ganzen. Alltagskulturen sind in hohem Maße geeignet, regionale Eigenarten erfahrbar, erlebbar zu machen. In Düsseldorf, in Barcelona, in Mailand oder Paris ereignen sich ganz unterschiedliche Dinge, die sehr gut erfahrbar werden durch genaue Beobachtungen der Veränderungen im Mikrokosmos der Metropolen, die natürlich auch eingebunden sind in die gesellschaftlichen Bewegungen und die sich teilweise auch durchaus parallel entwickeln. Tradition und Evolution wirken dialektisch aufeinander ein, und dies scheint mir der Schlüssel, um den sich wandelnden Situationen adäquat begegnen zu können und handlungsfähig zu bleiben.

Wenn man die Ausstellung „Haupstädte des europäischen Design" betrachtet und dort diese vier Städte - Barcelona, Mailand, Paris, Düsseldorf - sieht, lassen sich für dich da Unterschiede ablesen?

Unbedingt. Zum Beispiel Düsseldorf. Die Atmosphäre, welche von dieser Abteilung der Ausstellung ausgeht, ist geprägt von einem Planungsvorgang, der nach dem zweiten Weltkrieg stattgefunden hat und zum Ziel das gute Funktionieren des Produzierens und Vertreibens von Waren hatte und dabei in extremer Weise städtische Lebensqualität und Landschaften vernachlässigt hat. Jeder der ausgestellten Designer bezieht sich mit seinen Objekten in irgendeiner Weise auf diese Fehlplanung. Ihre Ästhetik bezieht sich in höchstem Maße auf die erlebbaren Defizite, die dieser Tatbestand ausgelöst hat. Der kalte, harte Ausdruck dieser Abteilung der Ausstellung spiegelt quasi die Folgen dieser einseitig orientierten Planung wider.

Das ist natürlich eine Tendenz in allen großen Metropolen rund um die Erde.

Aber die Düsseldorfer Designer wollen durch ihre Arbeiten kritisch auf diese Situation hinweisen und dies in einem Augenblick, in dem Design sehr oft Kritik ausschließt. Wenn Syniuga z.B. einen Sessel kreiert, dessen Rückenlehne aus Hammer und Sichel besteht, in einem Moment, in dem sich das kommunistische System in Auflösung befindet, dann wird sich der Benutzer nicht einfach zurücklehnen, es könnte ein Unbehagen dabei entstehen, und darin erfüllt er eine kritische Funktion. Oder nehmen wir die Gruppe Kunstflug. Sie nehmen den berühmten Hocker von Max Bill, ein klassisches Objekt aus dem System-Design, in welchem ein Hocker gleichermaßen Nachttisch, Sitzgelegenheit oder, auf eine Unterlage gestellt, Lehrpult etc.. sein kann und machen daraus ein ganz anderes Objekt. Sie schneiden den Hocker entzwei, belassen eine Hälfte wie sie ist und verändern die andere Hälfte so, daß sie das Gegenteil eines funktionalistischen Objekts darstellt. Dann fügen sie die beiden Teile wieder zusammen. Das Objekt ist verändert worden, kann aber dennoch die gleichen Funktionen erfüllen wie früher, und es transportiert den Gedanken, daß Dinge, die als absolut unvereinbar galten, durchaus etwas miteinander zu tun haben können. Volker Albus, auch Designer aus Düsseldorf, sagte bei einer Diskussion in Paris anläßlich der Ausstellung: Wir wollen nicht, daß unsere Objekte konsumiert werden, wir wollen gar keine großen Serien mehr, durch die Medialisierung lassen sich Objekte genauso gut verbreiten wie durch die direkte Aneignung. Seine These: Es gibt einen Konsum, der rein visuell abläuft, und auf diese Weise können Objekte in ihrer kritischen Funktion sehr wohl wirksam sein.

Das wäre ja das Ende der Produkte. Wir sitzen aber immer noch auf einem Sofa, an einem Tisch und haben noch Regale, in die wir unsere Bücher stellen. Und selbst wenn die Fiktion, Simulationen, die Medialisierung etc. einen immer größeren Raum einnehmen werden, können wir nicht unsere Körper verlassen, um ganz alltägliche Dinge zu tun: essen, schlafen, Kinder bekommen etc...

Es ist keine Frage, daß die bisherigen Lebensfunktionen auch weiterhin durch Design bedient werden müssen. Was Volker Albus vorschlägt, ist ja nur eine der möglichen Funktionen, bei welcher das kritische Moment die anderen Momente überspielt, die sich in einem Designobjekt verbinden. Zur Zeit steht im Mittelpunkt der Diskussion über Design die Frage nach der Fähigkeit der Designer, mit den eher neuen Freiheiten im Entwurfsprozeß umzugehen. Viele suchen nach Richtlinien, Orientierungen, neuen Grenzen, Modellen. Es ist offensichtlich nicht ganz einfach, die Freiheiten selbstbestimmt zu nutzen. Die Sehnsucht nach Regeln - wenn auch anders, als sie es bisher gekannt hatten - ist groß. Aber diese kann es, aus den weiter oben angeführten Gründen, als allgemeinverbindliche nicht mehr geben, wenn man davon absieht, was längst Selbstverständlichkeit geworden sein müßte, daß es eine ökologische Priorität bei allen Überlegungen geben muß. Auch in der Wissenschaft, oder besser in der Wissenschaftsforschung, haben sich die Parameter geändert als man plötzlich entdeckte, daß Chaos nicht das schlechthin Böse, Verwerfliche ist, sondern daß vielmehr das Chaos sich aus phantastischen Ordnungsstrukturen zusammensetzt, die man erst heute mit Hilfe eines entsprechend verfeinerten Instrumentariums erkennen konnte. Es ist also wichtig, daß wir uns dieser ungewohnten Situation aussetzen lernen, daß wir es lernen, mit scheinbar widersprüchlichen Gegebenheiten zu arbeiten, Tradition und Evolution nicht aus den Augen zu verlieren, um so eine Vielfalt an hochdifferenzierten Systemen zu schaffen, Denkmodellen gleich, die sich im Entwurfsprozeß gewinnbringend zur Differenzierung der Welt einsetzen lassen.

Märchen und Mythen

Vielleicht sind noch manche von uns mit Geschichten, Märchen und Mythen aufgewachsen - zumindest im Kindesalter -, aber als die Großmutter starb, wurde der Fernsehapparat angeschaltet, und von nun an nährte sich unsere Phantasie hier. Einst konnten Möbel und Wohnaccessoires z.B. von fernen Ländern berichten, machten Wünsche und Sehnsüchte zuhause zur Wirklichkeit. Die Wohnung wurde zur materialisierten Sehnsucht, oder zur bleibenden Erinnerung und schaffte somit das, was die Lebensrealität einem verweigerte: gleichzeitig hier und ganz weit weg zu sein.

Je intensiver dies betrieben wurde, desto mehr war es in eine Traditon eingebunden, denn dies alles konnte ein einziges Individuum gar nicht alleine leisten, da mußten Erbschaften und Geschenke mithelfen. Phantasien sind das Produkt einer unerfüllten Sehnsucht.

Heute kann man seinen Urlaub auf der ganzen Welt verbringen, Billigflüge machen es möglich, für wenig Geld sein Fernweh zu befriedigen. Und wer sich die Reisen nicht leisten kann, ist trotzdem da. Die modernen Medien bieten vermeintliche Einblicke in alle Wohnzimmer dieser Welt. Mit Lady Di, Arnold Schwarzenegger und dem Dalai Lhama auf ,,Du und Du". Phantasie kann man kaufen, wie Fast-Food, es ist alles schon da. Und wenn die Geschichten langweilig werden, reicht ein Knopfdruck, um an einer anderen Lebensrealität zu partizipieren.

Mit der Verkabelung der Welt haben sich auch die Märchen und Sehnsüchte verändert - das heutige Leben mit seinen entwickelten Medien produziert entsprechend andere Träume. Tradition bezieht sich nicht mehr auf die eigene Familie oder auf das Land, in dem man lebt. Das unerfüllte Verlangen nach anderen, fremden Kulturen ist durch das nach anderen Gesellschaftskasten ersetzt worden. Das Leben dieser Kasten ist uns allen wohlbekannt, es braucht keine Heimat, sondern ist einfach nur mit Umständen gesegnet, die in einem entsprechenden Lifestyle ihren normierten Ausdruck finden ... persönliche und gesellschaftliche Kultgegenstände, die sich auf eine bestimmte Tradition oder Religion beziehen, verschwinden mit der Nivellierung der Kulturen und werden durch standardisierte Bilder ersetzt. Diese sind überall auf der Welt präsent und verschmelzen mit alten Gewohnheiten und Bräuchen. So begegnen uns z.B. Plastikbabypuppen made in Honkong, mit europäischem Antlitz, als Fruchtbarkeitsgöttinnen in Afrika. Oder umgekehrt tauchen afrikanische Kultgegenstände bei uns als exotische Sitzgelegenheiten wieder auf, auch in Masse produziert und auf der ganzen Welt erwerbbar.

So scheint die Bedeutung der Objekte verschleiert und austauschbar geworden zu sein. Und doch werden sie immer wieder zum Träger von Mythen, Illusionen und Phantasien, religiösen Systemen, oder moderner Märchen. Durch Selektion, Kombination und Hinzufügungen entwachsen ihnen neue Bedeutungen. Davon handelt das folgende Kapitel.

A.B.

Garouste & Bonetti - Canapé Topkapi, 1987

Elizabeth Garouste
EINFACHER LUXUS

*Andreas Brandolini: Ich kenne Ihre Arbeiten aus Büchern,
Zeitschriften und aus Galerien, weiß aber nichts über die Geschichte Ihrer Entstehung.*

Elizabeth Garouste: Wir haben vor etwa 10 Jahren angefangen, und eigentlich kommen wir vom Theater und der Mode,
sind also keine typischen Designer. Wir hatten uns vom Design dieser Zeit distanziert, welches funktional, konventionell,
high-tech und von der Farbe Schwarz dominiert war. Im Gegenteil: unsere Arbeit zeichnete sich durch Ornamentik, Farben, kleine Serien und handwerkliche Arbeit aus. Weil keine
richtigen Galerien existierten, stellten wir fünf Jahre lang mal
hier, mal dort aus. Dann gab es die Galerie ,,Neotu", später
,,En attendant les barbares", die unsere Arbeiten vertreten. Da
haben wir dann gemerkt, daß diese dekorativ orientierte Arbeit
auch in England, Deutschland, Italien und anderswo auch gemacht wird.

*Was war das für eine Arbeit, die Sie fürs Theater und die Mode
gemacht haben?*

Ich habe viel Bühnenbilder und Kostüme gemacht und auch
für Mode-Firmen und die Haute Couture gearbeitet. Mattia
war im Textil-Design tätig und hat künstlerische Photographie
betrieben. Also etwas ganz anderes als Designer normalerweise tun.

*Denken Sie, daß es im Design heute eine Avantgarde-Bewe-
gung gibt?*

Ich weiß nicht was ,,Avantgarde" im Zusammenhang mit Design bedeutet. Wir haben innerhalb dieses Systemes einen bestimmten Platz eingenommen, und wir kümmern uns nicht da-

rum, was andernorts gemacht wird. Wir machen nur was uns Spaß macht. Am Anfang waren wir innerhalb dieser ,,Bewegung" ganz alleine und es dauerte fünf Jahre bevor sie zu blühen begann. Aber ob das ,,Avantgarde" war, weiß ich nicht.

Ist Ihre Art zu arbeiten, mit Handwerkern, mit kleinen Firmen, gewollt, oder würden Sie auch mit der Industrie zusammenarbeiten. Ist es situationsbedingt oder ist es Konzept?

Ursprünglich war die Industrie hier in Frankreich sehr zurückhaltend und es war nicht möglich Kontakt zu bekommen. Die erste Ausstellung zum Beispiel, die wir übrigens selbst finanziert hatten, wurde von italienischen Faschingsmaskenherstellern produziert. Wir wollten auch Objekte aus Bronze und geschmiedetem Eisen herstellen, und da die Industrie uns da nicht weiterhelfen wollte, mußten wir mit Handwerkern zusammenarbeiten. Seit wir, durch die Medien, sehr bekannt geworden sind, hat die Industrie reagiert und mit uns Kontakt aufgenommen. Dies begeistert uns sehr. So arbeiten wir beispielsweise mit ,,Ligne Roset", oder wir entwickeln zur Zeit Flaschen und Verpackungen von kosmetischen Produkten für Nina Ricci - und das ist tatsächlich industriell.

Sie arbeiten ja immer zusammen, auch die Möbel firmieren immer unter Garouste & Bonetti. Ist das ein Konzept, oder hat es sich so ergeben?

Das ist durch unsere Affinität entstanden. Wir hatten ein freundschaftliches Komplizentum, ähnliche Interessen. Unsere Arbeit hat viel mit Gedächtnis und kulturellen Wurzeln zu tun, nicht nur aus französischer Sicht. Und dann ist es sehr angenehm, sich gemeinsam äußern zu können.

Ihr Interesse für den Orient und für andere Länder - wie verstehen Sie das? Ist es mit der französischen Tradition der Arts Décoratifs verbunden?

Garouste & Bonetti - Cabinet Musiques, 1990;
Schmiedeeisen

Unsere Einflüsse kommen von überall her, und viel aus der zeitgenössischen Kunst. Natürlich hat jedes Land auf seine schöpferischen Menschen eine spezifische Wirkung. In Frankreich ist alles etwas mehr „decorativ", und das kommt, oft auch unabsichtlich, immer durch. Die Engländer sind mehr „destroy" und benutzen andere Materialien, sie haben einen anderen Geist. So erkennt man das Land durch seine Künstler.

Welchen gesellschaftlichen Stellenwert geben Sie Ihrem Design? In Deutschland zum Beispiel gibt es eine Tradition, die das Design sehr puristisch als eine Sache betrachtet, die funktional ist - und es dabei beläßt. Dort ist es sehr von Funktion und Produktion bestimmt.

Ein Gegenstand hat immer kulturelle und ästhetische Komponenten. Die Spannung besteht z.B. darin, mit den gleichen Elementen, wie Beine und Platte, Tische zu entwerfen, die immer wieder Spannung erzeugen. Die Funktion kommt von selbst. Die wichtigsten Elemente sind Kultur, Ästhetik und Symbole.

Sie haben gesagt, Sie kommen von der Mode. Welche Rolle spielt Mode für Ihre Arbeit? Hat sie sich im Laufe der Zeit verändert, durch die Mode?

Wir kümmern uns gar nicht um Mode.

Läßt sich eine Entwicklung in der Arbeit beschreiben?

Eigentlich nicht. Es ist mal so, mal so. Unsere Arbeit ist mit einem Rhizom zu vergleichen. Das ist eine Wurzel, die sich in alle Richtungen, völlig ungeordnet, verbreitet. Wir entwickeln uns nicht auf einer Einbahnstraße, sondern laufen auf vielen unterschiedlichen Wegen. Unsere Entwicklung ist nicht von einer Strategie, oder einem bestimmten Ziel, bedingt.

Dann gibt es noch eine Tatsache, die durch die Art der Produktion entsteht: Die Arbeiten sind sehr teuer, so teuer, daß man nur ein ganz bestimmtes Publikum erreicht, weil man eben so speziell und so dekorativ arbeitet. Es gibt ja auch Tendenzen unter den jüngeren Designern in Europa, die dorthin zurückgehen, wo man am Anfang des Jahrhunderts stand und man sagte, wir machen Möbel, die alle kaufen können. Sehen Sie da in Ihrer Arbeit ein Problem?

Wie gesagt, ursprünglich hatten wir ja keinen Zugang zur Industrie; und so haben wir Sachen entwickelt, die nur für uns wichtig waren, voll mit Poesie. Die sind wegen ihrer kommerziellen Vebreitung durch Galerien natürlich teuer. Aber wir benutzen keine wertvollen Materialien. Sie symbolisieren nur Luxus. So haben wir zum Beispiel einen Tisch aus drei gefundenen Natursteinen entworfen, oder wir arbeiten mit Ästen, die wir im Wald gesammelt haben. Seit zwei, oder drei Jahren arbeiten wir auch mit der Industrie, und nun können wir in verschiedene Richtungen arbeiten: Unikate oder Serien, die dann billiger sind.

Was für eine Rolle spielt der Luxus?

Mir gefällt es, Luxus anzudeuten, aber nicht mit wertvollen Materialien! Am italienischen Design stört mich, daß die Materialien sehr teuer sind. Dabei kann Luxus ganz einfach sein, durch Farbe, oder bescheidene, aber raffiniert verarbeitete Stoffe. Die Gestaltung des Modesalons von Christian Lacroix sieht luxuriös aus, ist es aber nicht. Die Wandfriese sind auf die Wände gemalt, die Möbel aus angestrichenen Ästen gemacht - an sich gibt es nichts, was teuer wäre. Wir wollen mit unserer Arbeit ein Beispiel geben: so könnten sich die Menschen ihre eigene Umgebung gestalten. Man kann sich aus Erde und ein paar Ästen einen Kronleuchter bauen! Schauen Sie sich eine Zeichnung von Matisse an! Sie ist sehr teuer, aber in Wirklichkeit sehr einfach: nur ein Scherenschnitt! Mit solchen Werken hatte er nicht die Absicht, Geld oder etwas Luxuriöses zu machen, es ist es phantastischerweise von selbst geworden. Luxus entsteht durch den Kopf, und nicht durch das kiloweise Verarbeiten von Gold!

Im Prinzip sind Ihre Möbel ja konservativ. Die Idee vom Wohnen in einer schönen Umgebung, sehr seßhaft. Andererseits ist da die Tendenz der Informationsgesellschaft und ihrer Medien. Die ganze Computerisierung, Verkabelung, Vernetzung ist ja ortsunabhängig, sie negiert eigentlich den Ort.

Ich denke, daß wir heute mit beidem leben müssen. Man kann sich dem Fernseher, Telefaxgerät und Telefon nicht entziehen. Aber unsere Rolle sehen wir darin, den menschlichen Aspekt der Dinge zu unterstreichen. Man muß Materialien greifen können, und sich seine eigene Umwelt schaffen. Wir wollen, anstatt die Funktionalität, die Phantasie beflügeln. Technologie ist immer vorhanden, aber man darf die anderen Aspekte nicht vernachlässigen.

Könnten Sie Sich vorstellen, ein Telefax-Gerät zu entwerfen?

Mattia sagt ja, aber ich selber nein. Ich wäre dafür unfähig. Ich würde es vermutlich aus Bronze entwerfen, und es würde drei Tonnen wiegen.

Wenn ich mir ansehe, wie Kultur heute mehrheitlich verstanden wird, und wie aus ihr heraus Objekte entstehen, sieht man überall immer wieder die gleichen Bilder. Man könnte sagen, daß die Orte an Besonderheit verlieren und es nur noch eine einzige weltweite Identität gibt. Andererseits existieren diese unterschiedlichen Identitäten immer, und man sollte sie verstärkt fördern. Was halten Sie davon?

Sicher gibt es eine Internationalisierung der Objekte, und das ist schade! Vielleicht bin ich ja konservativ, aber es ist so schön, unterschiedliche Stile und Kulturen lieben zu können, deshalb müssen sie weiterhin existieren. Auch wenn die Welt sich uniformiert, hoffe ich, daß die Identitäten überleben werden. Das hoffe ich wirklich!

Ogar Grafe
VOLKSKUNST

Andreas Brandolini: Fühlst du dich als Designer?

Ogar Grafe: Für viele sieht das vielleicht so aus, aber ich fühl mich eher als Folklorekünstler.

Was heißt das?

Volkskunst eben, ich habe ja keine akademische Ausbildung, sondern ich bin einfach nur aufgewachsen.

Aber es ist doch keine Folklore wie etwa die Zillertaler Jodler?

Warum nicht, die haben vielleicht auch einen sehr merkwürdigen Ursprung. Das weiß man ja nicht.

Bist du ein Berliner Volkskünstler?

Eigentlich fühl ich mich mehreren Völkern verbunden, und nehme deren Einflüsse auf. Zum Beispiel mit meinen frühen Knochenarbeiten gehe ich ganz weit zurück, zu den Hoenomisten, ein uralter Kult, der mich schon seit meiner Kindheit verfolgt.

Du bist schon seit deiner Kindheit Folklorekünstler?

Ja sicher. Das macht doch eigentlich jeder, daß er sich in seiner Kindheit mit sowas beschäftigt.

Aber später wird das durch die Ausbildung zum Erwachsensein wieder zugeschüttet.

Das mag schon sein, aber nicht bei mir.

Ich möchte nochmal auf die Hoenomisten zurückkommen, hat es die denn wirklich gegeben?

Na, die gibt es immer noch, natürlich! In Mittelamerika, aber sie sind halb außerirdisch und halb irdisch. Ich kenne eine Vertreterin, die hat mir eine Menge Bücher über diese Kultur, Kunst und Folklore gezeigt. Es war eine Grundschullehrerin von mir, und die hat mich mit all dem vertraut gemacht. Ich habe dann zusammen mit einem Freund, Ades Zabel, den Kult hier in Berlin beheimatet. Wir haben das Ganze zunächst zeichnerisch festgehalten - hunderte von Zeichnungen. Später haben wir dann, mit der von uns gegründeten „Teufelsberg Filmproduktion", einen Super 8 Film darüber gemacht. Ich habe auch gerne mit Filzstiften Landkarten gemalt, riesige Friese, die ich dann nur noch auf dem Ehebett meiner Eltern ausbreiten konnte. Das war eigentlich der Anfang meiner konzeptuellen Arbeit. Vollständige Stadtentwürfe, von der Infrastruktur bis zur Mode, auch von Hoena. Wir haben uns ganze Nachmittage damit beschäftigt und es wurde immer mehr, hunderte von DIN A4 Blättern, die durch das viele aneinanderkleben bald ganz alt oder antik aussahen. Wir mußten irgendwann damit aufhören, weil mein Zimmer einfach zu klein war. Dann habe ich eine Modeschöpferin, die Daphne Bolislav, erfunden. Für die habe ich auch eine Stadt entworfen: Spacetown. Das war Anfang/Mitte der 70er-Jahre. Die Architektur war etwas brutalistisch mit seinen gemeinen Straßensystemen und viele Kaufhäuser, weil ich damals, wie heute, gerne Bummeln und Einkaufen ging. Schallplatten und so Sachen. Das Ganze war in Amerika, in der Wüste beheimatet. Ich hatte damals Fotos von Brasilia gesehen, und das hatte mich total begeistert, mit seinem Stadtgrundriss wie ein Flugzeug und den Hochhäusern. Weil ich aber auch ein Naturmensch bin, habe ich das dann mit Gärten kombiniert.

Du bist ja auch in einer frühen Trabantenstadt aufgewachsen.

Ja natürlich, da kommt das her. Es war nicht ganz so modern,

Louvreboutique - Tiermädchen, 1989;
Ausstellung Pollunderbeermädchenwege im Künstlerhaus
Bethanien Berlin; Foto: Eva Maria Ocherbauer

aber vom Prinzip her war das schon so. Wir haben in einer ziemlich kleinen Wohnung gelebt. Vorher hatten meine Eltern eine große Altbauwohnung ohne Zentralheizung. Deshalb wollten meine Eltern lieber eine kleine Neubauwohnung mit diesem komischen Komfort, das war damals so. Aber es hatte mir ganz gut gefallen. Es gab ziemlich viel Grün, und das ist dann auch meine Naturerfahrung: die künstliche Natur. Grünanlagen. Aber es gab auch viele Schnecken zum Beispiel, für die ich kleine Häuser bauen konnte. Diese ganze Ästhetik der Vorstadtsiedlung ist es, die mich immer noch fasziniert, und die man in meinen Sachen wiederfindet.

Dann kann man wahrscheinlich besser sagen, daß du ein Vorstadt-Folklorekünstler bist?

Ja, genau, aber es ist eher eine ganz entfremdete Vorstadt-Folklore. Mit meinen Kastanienarbeiten knüpfe ich z.B. ganz direkt an meine Kindheitserfahrungen an. Die Vorstadt hat mich dann, als ich älter wurde, aber auch angeödet, und ich habe mir einen eigen Kosmos geschaffen. Die meisten Menschen sind natürlich auch schrecklich dort, und wenn man dann als Teenager etwas „anders" ist, wird das dann etwas anstrengend. Dadurch habe ich aber auch kreative Schübe bekommen. Mit der Teufelsberg Filmproduktion mit Ades, Hermoine und anderen, haben wir vieles von diesen Vorstadterfahrungen verarbeitet. Das war dann aber schon 1980. Zuvor hatten wir Hörspiele gemacht. Collagen und ähnliches. Wir wurden auch immer sonderlicher, hingen immer zusammen, und haben unsere ganzen aufgestauten Erfahrungen verarbeitet.

Ihr habt euch in den Filmen auch mit den Menschen der Siedlung auseinander gesetzt?

Ja, auch mit der Mode, die da gang und gebe war. Das Komische und Geschmacklose, da gab's ja so exotische Damen mit riesigen Hochfrisuren und knalligen Sachen an. Sehr schick! Das haben wir in die Filme gepackt. Dies darzustellen war ein großer Anreiz.

Mode spielt ja überhaupt eine große Rolle. Ihr habt alles auch als eine Form von Mode dargestellt.

Die passende Kleidung war immer dabei. Es hat eine große Rolle gespielt, auch heute noch. Fernsehen ist auch wichtig, wir sind ja richtige Fernsehkinder. Ich bin damit aufgewachsen. Auf meinem ersten Kinderfoto krabbele ich vor einem Fernseher rum. Wir hatten später einen richtigen Fernsehkult. Wir haben, während wir Soapoperas anschauten, stundenlang miteinander telefoniert. Das war ganz schick damals. Das hat uns super beeinflußt. Auch Picknick spielt eine große Rolle, mit Hermoine habe ich viele Ausflügen in den Tegeler Forst gemacht, was ja eigentlich auch keine richtige Natur ist, so direkt neben dem Flughafen. Dort haben wir Pilze geerntet, die ich dann später zu Schmuck verarbeitet habe. Das war dann wie eine Szene aus einem Heimatkundebuch: Hermoine laß mir aus ihren selbstgeschriebenen Märchen und Geschichten vor, und ich habe im Schummerlicht meine Handarbeit gemacht, wie in einer einsamen Hütte auf dem Lande. Dabei fand das Ganze im Zimmer meiner Mutter statt.

Du machst nicht nur Objekte wie Hemden, Schmuck, oder Möbelstücke für sich, sondern sie sind immer in eine ganze Welt eingebunden. Und diese ganze Welt versuchst du immer darzustellen bzw. zu entwerfen.

Ja, das stimmt schon, ich versuche sozusagen die neue Welt zu erschaffen. Erst gibt es nur ein einzelnes Objekt, und dann wird dazu etwas passendes designt.

Es gibt verschiedene Arten mit so einer Vorstadtfolklore umzugehen. Man kann das ganz realistisch darstellen, wie in manchen modernen Heimatfilmen, wo man die Umgebung so nimmt wie sie ist, um dann da eine Geschichte anzusiedeln. Aber du machst ja etwas anderes.

43

Louvreboutique - Flugsessel, 1989;
Ausstellung Pollunderbeermädchenwege im Künstlerhaus
Bethanien Berlin; Foto: Eva Maria Ocherbauer

44

Ja sicher, ich stelle das nicht so dar wie es ist, sondern verfremde das Ganze. Für mich hat die Vorstadt ja auch eigentlich nichts „normales", es haben sich - vielleicht auch durch unsere Phantasie - ganz andere Welten dazwischengeschoben.

Vielleicht war es ja auch so, daß ihr euch in dieser Welt so fremd vorgekommen seid, daß ihr dann auch die Menschen um euch herum wie Fremde betrachtet habt. So, als ob ihr auf einem unbekannten Planeten gelandet wäret und nun versucht zu verstehen, was da vor sich geht. Wie die ersten Ethnologen.

Das stimmt schon, wir fühlten uns wirklich fremd. Später, nachdem ich mit der Filmerei aufgehört hatte, habe ich mit Oliver Koerner von Gustorf zusammen die „Louvreboutique" gegründet, das ging dann schon sehr ins Museale. Wir haben ein fiktives Museum gegründet, oder besser gesagt: eine Verbindung von Kaufhaus und Museum. Vielleicht eher ein modernes Völkerkundemuseum, ohne bestimmte Völker ausstellen zu wollen. Dann gibt es noch die „Justine Boutique Singers", das sind Hermoine, Charilaos und ich. Wir treten manchmal, zu bestimmten Anlässen, auf und entwerfen dafür immer neue Kostüme und Dekorationen, um unsere Lieder zu illustrieren.

Was habt ihr denn 1989 in der Louvreboutique-Ausstellung „Pollunderbeermädchenwege" gezeigt?

Wir hatten, unter anderem, ein Wohnzimmer nachgebildet, Vorhänge mit einem Motiv von Grandma Moses, die ja auch eine große Volkskünstlerin aus Amerika ist. Auf dem Fußboden war Zucker gestreut, es gab einen Flugsessel, mit dem man fliegen kann, da war ein Zuckergußtisch, ein Hasenohr-Webpelzschrank, und vieles mehr.

Das hört sich ja so an, als ob diese Möbel leben würden.

Oh ja, die leben wohl! Die haben schon eine Seele. Das ist für mich ganz wichtig, daß diese Gegenstände mit ihrer Geburt auch eine Seele eingehaucht bekommen, um dann ihr eigenes Leben zu führen. Ich kümmere mich auch heute noch um sie und frage manchmal nach, wie es ihnen geht. Das sind nicht nur Gebrauchsmöbel, obwohl sie als solche natürlich auch funktionieren; man kann alles benutzen, aber das war nicht die Hauptsache. Es geht darum, was diese Gegenstände sonst noch sein könnten. Im Grunde genommen kommen sie ja aus meiner Kindheit, diese Archetypen wie Sessel, Tisch, Kommode, Blumenvase etc.. Aber die ändern sich halt im Laufe ihres Lebens. Genauso wie ich selbst. Oder die Tiermädchen zum Beispiel, ich habe ja früher auch als Dekorateur gearbeitet und eine Menge Schaufensterpuppen rumgeschleppt, diese Tiermädchen sehen ein bißchen so aus, aber so, als ob sie aus einer anderen Kultur entsprungen wären. Sie sind Zauberinnen und haben natürlich ein richtiges Eigenleben. In ihren Kastanienschuhen züchten sie Motten, und das ist ein richtig lebendiges Objekt, sie fressen aber nur die Kastanien von innen heraus an, die Kleider der Tiermädchen lassen sie in Ruhe. Sie fühlen sich da richtig wohl und stören mich überhaupt nicht weiter. Sie sehen aus wie kleine Elfen, das ist sehr faszinierend.

Denis Santachiara
ANIMIERTE HAUSHALTSGEGENSTÄNDE

Andreas Brandolini: Ich fang mal an: Bist du ein Avantgarde-Designer?

Denis Santachiara: Das Problem des modernen Avantgarde-Design ist der Exzess der Formen, die Übersättigung. Die Gegenstände nur durch ihre Form zu begreifen, wird immer schwieriger: Sie tragen die formale Geschichte alle in sich - seit 2000 Jahren! Die Zeichen überlagern sich, mit dem Effekt, daß es kein neues Design mehr gibt, sondern unbegrenzte Variationen von Grundideen. Avantgarde-Design kann einen neuen Sinn nur entwickeln, wenn es die neuen Aspekte der Produkte in Betracht zieht. Man darf das Produkt nicht mehr als Konsequenz der angewandten Künste, also als Variation des Formalen oder als Architektur ansehen, sondern als Erfindung von Zeichen. Das Design als ästhetischer Faktor beim Austausch von Waren. Die Dinge komplizieren sich. Die Objekte werden mit den neuen Technologien immer mehr sophisticated, ihr physischer Aspekt immer ungenauer. Neue Technologien fordern neue Bedingungen immaterieller Art. Objekte müssen nicht nur mit den Augen, sondern mit allen Sinnen erfaßt werden: Tastsinn, Stimme etc. Sie werden intelligent, können sprechen, zuhören. Das wird ein sehr schwieriges - und sehr interessantes - Problem des neuen Design: Den immateriellen Aspekten, der Stimme, dem Gedächtnis, der Performance der Dinge, ihre Form zu geben. Das moderne Design, auch die Avantgarde, hat dieses Problem bisher nicht berücksichtigt.

Steht deine Arbeit in Beziehung zur Science-Fiction?

Science-Fiction gefällt mir unter dem Aspekt der Fiktion, der vorgestellten Realität, der virtuellen Möglichkeiten. Mir ge-

Denis Santachiara - Vaso animato, 1986

fällt sehr die imaginäre Seite eines Objekts, so daß sich das Objekt in der Vorstellung schöner, fotogener darstellt, als in Wirklichkeit, im Fernsehen, im Foto.

Ich denke, dieser Science-Fiction Aspekt ist sehr interessant, aber wir finden ihn nur in Comics und Filmen. In ,,Blade Runner'' sieht man, daß die ganze Szenerie des Films eine Mischung aus Vergangenem ist. Die meisten Objekte sind alt. Auch ganz neue spielen eine wichtige Rolle, aber sie werden nur als Werkzeuge gebraucht, als technische Spezialitäten, die keinen Charakter haben. Wenn man dann die Cyberspace-Bücher von Gibson liest, existieren die Objekte nur noch im künstlich geschaffenen, imaginären Raum, der im Kopf entsteht. Wie siehst du die Zukunft der Objekte?

Interessant wird die Intelligenz der Gegenstände. Wir wissen nur noch nicht, wie wir sie entwerfen sollen. Es gibt Fälle, in denen diese Intelligenz benutzt worden ist, z.B. in dem Auto von Renault, das spricht. Aber es ist häßlich und sympathisch, weil es ein vom Design noch nicht erschlossenes Gebiet betritt. Aber Plastik war früher auch häßlich, die Designer haben es schön gemacht. Das Interessante an Science-Fiction ist nicht der Stil, sondern daß die Gegenstände wie Darsteller sind, die sprechen, handeln usw. Hier liegt die Möglichkeit, etwas wesentlich Neues zu machen im zeitgenössischen Design.

Aber heute, denke ich kommt die Innovation häufig von der Technik. Wie eine Bildplatte, zum Beispiel, das ist eine vollkommen neue Idee und ich bin nicht sicher, ob sich ein Designer das ausgedacht hat.

Die neuen Technologien sind eine Inspirationsquelle für das neue Design. Sie geben uns die Möglichkeit, ganz neue Objekte zu machen oder durch Simulation alte Riten darzustellen. Wie in Blade Runner: Bewegte, interaktive, performende Gegenstände. Es gibt natürlich Probleme in der Beziehung Stil -

Performance, weil es Zeit braucht, die neue Sprache zu entwickeln. Aber in absehbarer Zeit werden die Formen des Design ausgeschöpft sein. Die Kegel, die Zylinder usw ...

Aber wenn die Dinge zu sprechen beginnen, haben sie auch Regeln, eine Grammatik, wie in unserer Sprache. Ich denke, es ist sehr schwierig, wenn du eine andere Grammatik benutzt, die es noch nicht gibt. Wenn die Dinge anfangen zu sprechen, benutzen sie eine neue Sprache.

Ja, es handelt sich hier um eine neue Sprache, die nicht nur beschreibt, wie ein Gegenstand ist, sondern auch was er macht. Der Gegenstand braucht eine ästhetische Sprache, die nicht weniger wichtig ist als ihre äußere Form. Die zeitgenössische Sprache braucht den Zeitgenossen, nicht die Geschichte. Der Bezug zur Geschichte ist als Metapher wichtig, als selbstverständliche kulturelle Präsenz, aber nicht als Präsenz im Objekt. In meiner Kultur als Designer ist die Geschichte gegenwärtig, aber wenn ich entwerfe, denke ich nicht an Geschichte. Ich kann gotische Magie machen mit unserer Technologie der Zukunft. Die Vergangenheit äußert sich in der Kultur, nicht in der Form.

Denis Santachiara - Ciminera, 1987

Stefano Giovannoni
Stones, Poppies und Barbies

I.

Ich sehe Objekte wie Gnome oder Wesen, die ihre häusliche Umgebung beleben. Im Moment arbeite ich in drei verschiedenen Bereichen:

Steine - die sind hart, kubisch, geometrisch und rigoros. Sie haben den Charakter von Monolithen.

Poppies - sie sind weich, drall und haben sexy Formen.

Barbies - sie sind imaginär. Es sind Fantasieobjekte, die kitschig und hyperreal sind.

Fast food, TV, Neo-Pop, Supermärkte oder die Kultur des Werbespots sind weder anspruchslos noch anspruchsvoll. Alles basiert auf dem Fundament einer neuen Ikonographie - ein Destillat aus wirkungsvollen, sofort erkennbaren und vielfältigen Bildern.

II.

Ich denke, wir können in den 80er Jahren das Ende einer - häufig ideologischen und abstrakten - kulturellen Phase sehen, die zu einer Entfernung der Kultur von der Produktion führte. Ich denke, heute gibt es keinen Platz für Projekte, die sich nicht mit Kommunikation beschäftigen. Daß ein Objekt in seiner Qualität übermittelt und unmittelbar empfangen werden sollte. Und in seiner Qualität proportional zu seiner Kommunikation und Verteilung auf dem Markt ist. Es gibt kein Alibi mehr.
Die Kultur von heute, die sich sowohl um „klassisch", als auch „Avantgarde" dreht, hat sich als substantiell unzureichend erwiesen, die neuesten Transformationen der Gesell-

Stefano Giovannoni - Tisch Sally, 1991;
Marmor, Kristall; Foto: Santi Caleca

schaft und des Marktes zu beantworten.

Es hat sich jetzt schon erwiesen, daß die „Design-Kultur" diese Veränderung schon in den Grenzen der Kommunikation unzureichgend direkt fassen kann, immer noch Snob, viel zu „style symbol", viel zu „Design".

Die Menschen interessieren andere Dinge, als jene, die Designer sehen. Es ist heute notwendig, das Niveau der Kommunikation auf ein direkteres, sofortigeres zu senken, und gleichzeitig die Logik und Kultur des Konsums auf die Entwicklung einer neuen emotionalen, sinnlichen und verfeinerten Bildersprache zu lenken.

Eine Art Flucht nach vorne, und deshalb der Rückschritt auf ein niedrigeres Niveau, um den weiteren Aspekt von Markt und Kommunikation zu verbinden.

Alessis „Girotonde" war für mich der erste programmatische Schritt zu einer derartigen Operation. Dieses Projekt wird von einem sehr gebildeten Publikum gemocht, wie auch von Hausfrauen und Teenagern.

Die Entwicklung der postindustriellen Gesellschaft neigt zu Natur und dazu, hohe und niedrige Niveaus von Kultur zu einem einzigen Standard zu verbinden. Ähnlich gibt es heute ein Bedürfnis, daß das Design eine Kultur des Speziellen vereinigen soll, die immer geteilt war und in einer spät-modernistischen abstrakten Weise definiert wurde, mit einer „niedrigen" populären Kultur, in der figürliche Repräsentation immer ein essentielles, wirkliches Mittel der Kommunikation war.

Eine Neo-Pop-, Supermarkt-, fast food- und Fernseher- Bildkultur oder Werbekultur ist nicht länger anspruchslos oder anspruchsvoll, sondern basiert auf einer neuen Grundlage der Ikonographie, die starke, sofort erkennbare Bilder prägt.

Eine Kultur, die ein starkes Gefühl für die Immoralität ihrer eigenen Moral hat. Eine schlichte, gefühlvolle, entzauberte Moral, die ironisch und sanft ist, fast zuckersüß. Eine Kultur, die unbedingt ihr eigenes Bild wiederentdecken und sich eine neue künstliche Landschaft finden muß.

Übersetzung: Eric Pfromm

Städte bauen

*Eichinger oder Knechtl - Gestaltung der mbs-Buchhandlung
in Wien, 1993-94; Foto: Petra Oberländer*

Eichinger oder Knechtl
ALLES IST ARCHITEKTUR

Andreas Brandolini: Wie würdet ihr eure Profession bezeichnen?

Eichinger oder Knechtl: ,,Auf der Suche"

Habt ihr eine ,,klassische" Ausbildung gehabt?

Klassisch im Sinne einer praktischen, nicht aber einer akademischen Ausbildung. Weil wir während unseres Architekturstudiums vor der Wahl standen, entweder unsere begonnenen Projekte (etwa 1982 das Kaffeehaus ,,Rastlos", welches wir sowohl entworfen, als auch betrieben hatten), oder das Studium weiterzuführen. Und wir haben uns für unsere Projekte entschieden.

Welche Leistungen bietet euer Studio an?

Architektur ist die Summe aller gestalterischen Maßnahmen: Grafik ist zweidimensionaler Städtebau, Film ist Architektur im Medium Zeit. Wir machen Konzeptuelles ebenso gerne wie Konkretes. Unsere Arbeiten reichen von Ausstellungskonzepten, über Grafik und Film, bis zu städtebaulichen Lösungen.

Wie ordnet ihr international eure Arbeit ein? Hat sie irgend etwas mit ,,Avantgarde" zu tun?

Es gibt keine Avantgarde mehr. Dieser Begriff hat sich selbst überholt, er ist Teil dieses zuendegehenden Jahrtausends.

Gibt es ,,zeitgemäßes" Design?

Ja. ,,zeitgemäß" hängt stark mit dem Begriff der Identität zusammen. Mit dem Gefühl des Authentischen und der Spannung zwischen der Situation des Identischen in einem global vernetzten Dorf, wo man Zugriff zu jeder Form der internationalen Information hat. Gleichzeitig ist man aufgefordert, seine Forschung auf den unmittelbaren Bereich der eigenen Lebensumgebung zu konzentrieren. Man muß immer neue Identitäten bilden: immer wichtiger die geographische Identität.

Gibt es also ,,regionales" Design?

Ja, bedingt durch die Suche nach dem Authentischen wird das Regionale - im Gegensatz zum Provinziellen - maßgebend. Eine Reaktion auf die globale Vernetzung mit ihrem Hang zur Nivellierung des Authentischen.

Gibt es den ,,individuellen" Ausdruck im Zusammenhang einer Gruppenarbeit?

Absolut! Gerade der individuelle Unterschied der ,,Kondensationsebenen", durch welche sich Ideen im jeweiligen Entwerfer manifestieren, macht es erst möglich in der Gruppe zu arbeiten.

Glaubt ihr an das Lebenskonzept ,,Stadt"?

Ja. Erst durch die klare Trennung von Stadt und Land und die Verdichtung des urbanen Raumes ist zeitgemäßes Leben möglich. Denn erst die Gegensätze verdeutlichen die Gemeinsamkeiten und Abhängigkeiten unserer Lebensräume.

Gibt es eine Zukunft für die Objekte?

Ja. Das Verschwinden der greifbaren Informationen und Bilder macht das haptische Objekt umso bedeutungsvoller.

Habt ihr eine Zukunftsvision?

Unsere Arbeit!

*Eichinger oder Knechtl - Bürogestaltung Zwerenz und
Krause, Wien 1989; Foto: Margherita Krischanitz*

Zu den Arbeiten im Monolog:

turbulenz und erotik:
die idee ,,architektur" sollte man in den unterschiedlichsten
erscheinungssystemen und darstellungsmedien zu denken versuchen, mit dem ziel, der selbstverständlichkeit des gebrauchs
und im sinne einer arbeitsweise, die gelassen genug ist, um die
bedrängnisse der realisierungen positiv produktiv zu machen.

die sichtbaren und unsichtbaren mittel der gestaltung:
unsere arbeit ist eine arbeit an einer kleinen fläche eines groß-
en bildes, in der aber die gesetzmäßigkeiten des großen bildes
- so wie in einem fraktal - gelten. deshalb auch die affinität von
zeitschriftencover und städtebau.

turbulenz in der architektur:
nachdem wir an architektonische projekte so heranzugehen
versuchen, daß wir möglichst viele faktoren berücksichtigen,
sind darunter auch faktoren, die zum größten teil nicht vorhersehbar sind, die zum größten teil nicht vorhersehbar sind, die
sozusagen oft chaosmathematische verwirrung entstehen lassen, aber gerade das wollen wir zulassen, im sinne einer turbulenz, (die ja das grundprinzip der bewegung von wasser und
luft ist), die so das ganze wieder ein stück weiterbringt.

architektur kommt aus dem menschen:
architektur ist spannung, abgehandelt über proportion und material, die bis in den bereich der erotik geht: speziell was die
sphäre der materialien betrifft: architektur erzeugt ein eroti-
sches verhältnis als materiallösung, als raum, zum menschen,
der sich darin bewegen wird.

zeit:
es gibt eine gefährliche diskrepanz: technologien schaffen gewisse formen: hängt man nur an diesen formen, so hinkt man der architektur der zeit immer hinterdrein. so etwa wie noch immer die elektrotechnologie in den häusern inquisitorisch verlegt wird, während die hülle oft sehr zeitgemäß errichtet wird, wahrscheinlich muß dieses thema: zeitrichtige architektur präziser werden: im verstehen was architektur ist, in ihrem technischen aspekt. die architektur muß sich wieder aufrichten, sie muß vom boden erlöst werden, sie ist ja so im banne der oberflächen, daß sie selbst die erdoberfläche nur noch benutzt, beschmutzt, verbraucht...

das eine findet das andere:
wenn man wirklich an architektur glaubt, so muß man um vieles bescheid wissen, um leben/ nichtleben, um licht/ nichtlicht, um atmosphäre/ nichtatmosphäre, um raum/ nichtraum, was nach oben geht muß man auch nach unten gehend wissen, eine offene architekturauffassung darf nicht so sein, wie wenn man in der musik gewisse frequenzen ausschließt.

architektur muß durch den menschlichen körper hindurch, um wirklich zu sein:
architektur kommt nur durch den menschen, durch seine hände, in die welt. alle dinge müssen sich aus sich selbst entwickeln, von innen nach außen, räume wie lebensformen, man geht ja nicht in eine fassade, sondern in ein haus.

architektur als forschungsprojekt:
wissenschaft und forschung sind ein wichtiges moment, das heute bereits die stelle der kunst einnimmt. wir leben ja auch schon längst in hochintelligenten mobilen systemen. bewegen uns aber, was den großteil der gebauten architektur betrifft, quasi zwischen ameisenhaufen und maulwurfshügeln. technik

und natur sind kein widerspruch: die natur schätzen kann man vor allem dadurch, daß man sich von ihr abgrenzt. mies wohnhaus mitten im grünen ist eine wesentlich ehrlichere architektur, als die ökologischen massivziegelbauten.

die notwendigkeit für neues bauen liegt im umstand, daß der sich verändernde mensch ein neues, ein begleitendes instrumentarium braucht. wir wohnen ja nicht mehr in der jurte: gäbe es diesen menschen noch, so wäre es schwachsinn eine neue technologie für ihn gestalterisch zu beschwören. man muß den möglichkeiten unserer zeit entsprechen. gegensätze stärken das jeweilige andere: dann kann man auch wieder die natur verstehen.

intensität entstehen lassen:
so wie in der malerei, wo ein gutes bild der spiegel einer intensiven physischen situation ist - man erlebt ja alles durch den körper - so auch in der architektur, die ja höhepunkt einer physischen auseinandersetzung mit proportion, licht und farbe ist. dieser physische aspekt hat dieses knistern, das siegen/ unterliegen, das zweifeln, das unsichere. aber das zweifeln gehört zur architektur: diese unsicherheit, diese angespanntheit, dieses regieren müssen: wir bemühen uns um das einbeziehen des unerwarteten, des vorhandenen, um das wieder/ neuentdecken.

Comics

In den 70er und Anfang der 80er Jahre hatte sich rund um die Welt eine neue Generation von Comic-Zeichnern entwikkelt. Aufbauend auf Klassikern wie z.B Winsor McCay, Hal Foster, Alex Raymonds „Flash Gordon", Hergé, den anarchistischen Hippie-Comics von Robert Crumb und anderer, und vermischt mit futuristischen Visionen der 20er, Art-Deko, Filmen der „schwarzen Serie", B-Pictures, durcheinander gewirbelt von der Punk-Ära der späten 70er Jahre und den desolaten Lebensperspektiven der 80er Jahre hatte sich eine neue Kunstrichtung formiert: der Autoren-Comic.

Gleichzeitig erschienen reihenweise neue Magazine mit dem Inhalt: Lifestyle, Subkultur, Musik, ... und neue Comic-Magazine (U-Comics, Pilote, Heavy Metal, RAW - um nur einige zu nennen). Verbunden ist diese Bewegung mit Namen wie: Moebius, Corben, Druillet, Tardi, Swarte, Munoz & Sampayo, Spiegelmann, Bilal und auch Iosa Ghini, Mariscal und Giger, der mit seinen apokalyptischen Airbrush-Gemälden Titelseiten und Schallplattencover gestaltete.

Bezeichnend ist, daß Stories oft nur noch dazu dienten, Szenarien zu entwickeln, in denen sich eine ungehemmte Phantasie austoben konnte. Formal wurde alles Verfügbare bemüht. Es wurden nicht mehr nur einfach Geschichten bebildert, sondern das Environment wurde zum gleichberechtigten Ausdrucksmittel. Gefühle wurden Stil; Stühle, Tische, Häuser, Städte, Landschaften zum lebendigen, emotionalen Ausdruck ihrer Zeit. Allerdings: nur zweidimensional.

Was lag also näher, als das Ganze in die dritte Dimension zu transferieren. Im Jahre 1978 wurde H.R.Giger damit beauftragt, für den Film „Alien" ein Monster zu entwickeln. Im Laufe seiner Arbeit allerdings erweiterte sich sein Auftrag. Denn: wo kommt das Monster denn her? Wo lebt es, wie sieht es da aus? Er war kaum noch zu bremsen. Am Ende stand ein Oskar, den er für diese Arbeit 1980 überreicht bekam. Andere Filmprojekte schlossen sich an, und bald sollte er, neben seiner künstlerischen Arbeit, auch Restaurants und Bars einrichten. Von der Fiktion zur Realität, wobei er nur solche Aufträge akzeptiert, die ihm die vollständige Kontrolle der Environments - bis ins Detail - garantieren. Nachdem Massimo Iosa Ghini anfang der 80er Jahre für Comic-Magazine zeichnet und als Mitglied der Bologneser Gruppe „Zak Ark" erste Möbelentwürfe realisiert hatte, wurde er 1985 vom Staatlichen Fernsehen Italiens RAI beauftragt, die Jugendsendung „Obladi Oblada" in eines seiner Szenarien zu verwandeln. Mit derselben Besessenheit, mit der er in seinen Comics selbst das belangloseste Detail entwarf, gestaltete er vom Mikrophon über Tische und Stühle bis zu den Hintergründen eine völlig durchgestylte futuristische Vision. Das formale Repertoire, dessen er sich bediente, war gewissermaßen ein Querschnitt durch die Geschichte des Futurismus im 20.Jahrhundert, gemixt mit Pop-Kultur und Medien-Faszination. Der Erfolg dieser, in ihrer Komplexität verblüffenden Szenarien, führte ihn, über die Kooperation mit Memphis, zur Zusammenarbeit mit der Industrie. Er entwirft mittlerweile Möbelkollektionen, kleinere Objekte, gestaltet Showrooms, Messestände und kommt immer mehr zu der Überzeugung, daß man auch die Architektphantasien, die er zeichnet, bauen sollte.

Mariscal hat bis 1989 in Barcelona alleine oder in Kooperation mit Architekten, Künstlern etc.. an den verschiedensten Projekten gearbeitet. Neben seinen Comics realisierte er alle Arten von grafischer Arbeit. Vor allem durch die konzeptionelle Gestaltung von Bars und Restaurants - z.B. mit Alfredo Arribas - kam er in Berührung mit dem Design. Mit dem gleichen Humor, der gleichen Leichtigkeit, die seinen Zeichnungen eigen ist, entwirft er die unterschiedlichsten Gebrauchsgegenstände. Der „klassische" Designprozess als ein Ergebnis der Ausgewogenheit von Form, Material und Konstruktion interessiert ihn hierbei überhaupt nicht. Es sind Träume und Bilder, die direkt aus seinem Skizzenbuch springen und zu Material werden. Seit er für die Olympischen Spiele Barcelonas das Maskottchen „Cobi" entwarf, hat er ein großes Studio mit vielen Mitarbeitern. Es werden immer mehr „Cobis" entworfen, Animationsfilme fürs Fernsehen, neue Charaktere (Cobis Freunde), Textilprints, etc., und neues Interior Design, wieder zusammen mit Alfredo Arribas. Die „Dead Chickens" sind exponierte Kinder des Berliner „Undergrounds" der 80er Jahre, der Comic- und Subkultur. Sie verstehen ihre Arbeit nicht als das Herstellen fertiger Objekte, sondern als einen sich ständig verändernden Prozess, der alle ihnen verfügbaren Ausdrucksmittel einbezieht.

Ihre Materialien sind das, was die Großstadt wegwirft, ihre Domänen sind Schrottplätze, Kellerlöcher und aufgegebenes Terrain. Wenn sie Musik machen, entwerfen sie auch die Bühne, ihre Kleidung, die Instrumente. Sie selbst scheinen zu mutieren, gleichen sich, von unberechenbaren Tongewittern getrieben, ihren maschinenartigen Objekten an. Erinnerungen an „Madmax", oder Richard Corbens „Mutant World" werden wach. Archaische Attribute mischen sich mit apokalyptischen Horrorvisionen von einer untergegangenen Industriekultur. Nun wäre dies, als künstlerische Ausdrucksform, schnell klassifiziert und abgehandelt, wenn es nicht Teil einer, nicht nur in Berlin, existierenden Jugend- und Subkultur wäre. Man könnte auch mit Andy Warhol sagen: „This is the way how some people are living today".

In diesem Sinne erhebt dieses hier vorgestellte Design auch nicht den Anspruch hehrer Allgemeingültigkeit. Es ist der spielerische Umgang mit Lebensumständen, Zeichen, Bildern, Geschichten und Assoziationen. Was bisher nur der Welt der Kinder-Comics vorbehalten war, wird nun „wirklich" produziert und damit zu einem Ausdruck unserer Erwachsenen-Kultur. Ein Vorgang, der mit der Verbreitung der Autoren-Comics als „Erwachsenen-Comics" einher geht.

A.B.

H. R. Giger
APOCALYPSE NOW

Andreas Brandolini: Ist das Science-Fiction, was Sie machen?

H.R. Giger: Science-Fiction wäre ja das, was man nicht kennt, und das geht gar nicht. Unser Gehirn und was drin ist, schon wenn man geboren wird, ist Vergangenes und Verflossenes, was wir kennen. Science-Fiction gibt's fast gar nicht. Wenn man was Neues entdeckt, malt man was man schon mal gesehen hat, in Träumen vielleicht. Ich habe das Gefühl, man sieht gar nie was wirklich Neues. Es ist immer etwas Abgeleitetes, was man in irgendeiner Form schon ähnlich gesehen hat. Drum ist es auch so schwierig, wenn ich einen Auftrag bekomme und zeichnen soll, wie es aussieht, auf dem Mars, oder im Himmel, und wie die Kreaturen dort aussehen. Dann hat man so seine Vorstellungen, aber die fußen ja alle auch auf den Überlegungen, die wir als Menschen schon mal gemacht haben. In diesem Sinne gibt es gar keine Science-Fiction, alles ist ja menschlich.

Ich frage so, weil es oft als Vorwand benutzt wird, sich nicht mit Arbeiten wie den Ihren auseinanderzusetzen: ,,Das ist ja Science-Fiction!"

Aber auch das Unbekannte ist latent in einem vorhanden, und plötzlich bricht es auf und kommt ans Tageslicht, oder man holt es vor. Und die einen können es dann zeichnen oder modellieren, und die anderen - können's nicht. Bei Science-Fiction denke ich immer, es müßte wahrscheinlich so eine gewachsene Architektur oder gewachsene Technik sein, so eine Mixtur. So wie es zum Beispiel Chips geben würde, ganze Computer, die wie Hirnzellen wachsen.

Wie bei Gibson die Bio-Chips, die dann mit dem Menschen verwachsen?

Genau, daß man sie auch züchten kann, mechanische Dinge züchten kann.

Daran wird ja gearbeitet.

Man kann schon ziemlich viel. Ich studiere gerade, wie man sowas wachsen lassen könnte. Man kann ja einen Knochen ganz verrückte Formen annehmen lassen. Oder einen Organismus: Daß man was wachsen läßt, mit der neuen Gentechnologie, das schon sehr wirr wirkt. Daß man so einen langgezogenen Kopf hinkriegt. Sie macht einem auch Angst, die ganze Klonerei.

Ihre Arbeit hat sich ja - über die großen Gemälde, die vielen Zeichnungen und die Arbeit für den Film - immer weiter zum Dreidimensionalen bewegt.

Ja, die Sachen, die ich mit der Spritzpistole mache, wirken immer dreidimensional, und zwar durch ihre unscharfe Abgrenzung, ähnlich wie in einer Fotografie. Eine gespritzte Sache wirkt immer plastischer, als wenn man es mit dem Pinsel macht. Dadurch haben mich viele Leute gefragt, ob es Entwürfe seien für dreidimensionale Sachen; sie würden das gerne mal ausführen. So kam ich auch zu meinem Freund Cornelius De Fries. Er wollte das einfach plastisch machen, was ich gezeichnet habe.

Wann hat er damit angefangen?

Bevor ich an Alien gearbeitet habe. Mit einem Bett. Und als ich von den Filmarbeiten zurückkam, hatte ich ziemliche Erfahrungen, wie man mit verschiedenen Materialien arbeitet, habe ihm das gezeigt und jetzt ist er der Profi. Er kann sehr gut nach meinen Angaben modellieren, d.h. ich kann ihm eine Skizze machen, eine Ansicht, und er weiß dann, wie es von der Seite etwa aussehen könnte. Er kennt so gut meine Details, daß er mein Buch benutzt wie einen Katalog, um die fehlenden

68

H.R. Giger - Giger Bar, Chur; Foto: Willy Spiller 1992

Bestandteile, die in der Zeichnung nicht zu sehen sind, einzusetzen.

Da ist also bei Ihnen schon der Wunsch da, über die Spritzpistole in die dritte Dimension zu kommen, oder ist es nur ein Beiprodukt?

Ich weiß nicht, ich mag mich noch erinnern, als ich bei Andreas Christen arbeitete. Ich habe seine Kunst-Pyramiden zusammengeleimt, und er hat gleichzeitig auch Möbel gemacht für Knoll international. Ich habe auch daran gearbeitet. Er sagte, er würde immer an beidem arbeiten, er würde nicht gern wegen der Kunst die Möbel aufgeben, es sei beides wichtig. Ich habe das auch so gemacht: Ich habe drei Jahre Industriedesign studiert, an der Kunstgewerbeschule in Zürich, nach einem Vorkurs, also insgesamt vier Jahre. Es ist mein Beruf, mit dem ich im Telefonbuch stehe, aber es hat mich noch niemand daraufhin angefragt. Dadurch kann man mich auch im Film-Business brauchen. Ich weiß, wie ich irgendetwas, das ich zeichne, auch ausführen könnte. Es ist schon von Vorteil, weil man meistens von den Künstlern denkt, die können nur zeichnen, phantasieren, und sonst haben sie keine Ahnung, da muß jemand schauen, wie man es zusammenkriegt. Mir hat sehr geholfen, daß ich Hochbauzeichner gemacht habe. In der Schweiz kann man ja auch bauen, ohne Architekt zu sein, also habe ich auch gebaut.

Was gebaut?

Für einen Architekten, alles mögliche. Sozialen Wohnungsbau im Appenzell, Schulen, Fabriken. Kirchen mußte ich machen - der hatte so eine Connection zur katholischen Kirche.

Hat das schon eine Verbindung gehabt mit dem, was Sie später gemacht haben?

Eigentlich nicht. Eine Zeit lang war ich so ziemlich überzeugt von Le Corbusier, so am Anfang, da denkt man, das wäre gewaltig. Dann mußte ich, weil der Architekt gesehen hatte, daß ich künstlerisch gut bin, die Sgraffiti zeichnen. Das hat man in Graubünden um die Fenster herum. Oder ich mußte die Gegenstände in der katholischen Kirche zeichnen und gestalten - und ich bin ja reformiert, nicht. Aber ich war mal in einem katholischen Kindergarten. Aber ich hab das noch gern gemacht, ich lerne immer wieder gern was. Jetzt soll ich ein Computerspiel zeichnen, mal sehen.

Viele Designer haben ja ein Sendungsbewußtsein: Daß sie mit dem, was sie tun, einen gesellschaftlichen Beitrag leisten. Eine gesellschaftliche Vision, in die sie ihr Schaffen einordnen. Sie auch?

Eigentlich nicht, ich habe gern was Ungewöhnliches, und weil man es meistens nicht findet oder es zu teuer ist, muß ich es selbst machen. Ich habe so gewisse Ideen, die vielleicht etwas verrückt scheinen. Mein Lehrer an der Kunstgewerbeschule, Guhl, hat immer gesagt: ,,Herr Giger, ihre Sachen wirken so krank, sie machen so Kuhhälse‘‘. Er meinte so sehnige Sachen, keine prallen Würste. Ich habe eher das Geäder gemacht, diese eigentlich statischen Linien.

Gotisch, oder?

Ja, vielleicht wie der Gaudi seine Kirche gebaut hat, die Sagrada Familia. Das Modell, wie er es umgekehrt gebaut hat, mit den Schnüren und Gewichten. Ich habe organische Sachen gern, da kommt natürlich der Jugendstil sehr in die Nähe. Ich habe dann das Organische mit technischen Elementen vermischt und nenne es biomechanisch. Das ist vielleicht mein Beitrag, dieses Biomechanische. Rein vom Auge her gefällt es mir. Ich hab das gern, Technik, die organisch ist. Kommt vielleicht auch von McLuhan, diese Theorie, daß die Schreibmaschine eine Verfeinerung der Hände ist.

H.R. Giger - Giger Tisch, 1991;
entstanden in Zusammenarbeit mit Atelier C. De Fries,
Zürich; Foto: Louis Stalder

Die meisten technischen Gegenstände sind wie Verlängerungen, Prothesen.

Ja, Prothesen, und die möchte ich dann so gestalten, daß sie fast wie gewachsen wirken. Oder, man sieht es auch in meinen Bildern, Prothesen, die sich nicht so ganz einpassen wollen, wie eine Zahnplombe, wo man sieht, die paßt nicht richtig: An den Rändern sammelt sich was an, oder so.

Es gibt ja die Tendenz, vor allem bei Büromöbeln, daß die Technik immer perfekter wird. Die Mechanik darin paßt sich so extrem dem Körper an, daß sich im Endeffekt der Körper dem Stuhl anpassen muß. Man kann ja nicht jede Bewegung vorplanen. Vielleicht kommt daher der Unterschied, wenn Sie sagen, Sie machen Prothesen, die nicht ganz passen. Ist das aus einem Gefühl heraus, daß Prothesen sowieso nie ganz passen können?

Ja, sie werden abgestoßen, zum Teil. Das beschäftigt mich ja, mit der Organverpflanzung, daß die Dinge nicht recht angenommen werden. Ich habe es auch gerne, wenn man sieht, wie es ausschaut, z.B. eine schöne Silberplatte in einem Schädel.

Trotz der ganzen Brutalität, die in den Bildern manchmal drin ist, sehe ich auch eine gewisse Romantik in ihnen.

Finden Sie sie brutal? Ich finde immer meine Sachen relativ harmonisch und, wie soll ich sagen, elegant. Keine großen Ekken, eher weiche Dinge, daß man gepolstert ist. Brutal vielleicht schon, aber ich habe so eine Art Ästhetik: Wie eine ästhetische Leiche. Wissen sie, was ich meine? Ich habe das Gefühl, ich mache nie Dinge, die häßlich sind. Die Damen stelle ich meistens als Göttinnen dar oder schöne Hexen, die Männer, die kommen da schlechter weg. Und dann geht's mir eben auch drum, grade bei Science-Fiction, daß man sieht, daß es schon lange existiert, daß man die Zeit ablesen kann. Neue Sachen habe ich immer gehaßt. Neue Schuhe: da weiß man, die drücken einen, und wenn sie dann endlich passen, sind sie kaputt.

Dann beschäftigen Sie sich viel mit dem Vergangenen?

Das machen wohl fast alle, oder? Beantworte ich überhaupt, was sie fragen? Sie müssen vielleicht direkter fragen.

H.R. Giger - Harkonnen-Environment, 1981; Polyester, Metall, Schaumstoff, Holz, Glas; zusammen mit C. De Fries

Massimo Iosa Ghini
DAS UNMÖGLICHE FORDERN

Andreas Brandolini: Was machst du eigentlich? Comics? Gemälde? Seltsame Objekte? Oder ist das Design?

Massimo Iosa Ghini: Eigentlich bin ich kein richtiger Designer, denn ich hatte in meinen Comics angefangen, meine eigene Welt zu erfinden, die ich dann später in Design-Objekte übersetzt habe. Tatsächlich arbeite ich für ein sehr kleines Publikum. An einer Massenproduktion bin ich gar nicht so sehr interessiert, denn ich denke, daß der Markt für die Massenproduktion sich aus vielen kleinen Teilen, oder Segmenten zusammensetzt, wovon ich eben nur einen kleinen Teil abdecken kann, bzw. will.

Was ist dann Deine Arbeit?

Ich mag einfach machen: fare. Ich mag den Gedanken nicht, daß ich für andere Leute Sachen machen soll, die ich nicht machen mag. Wenn ich etwas gemacht habe, worum man mich gebeten hat, ist das Resultat nicht gut - normalerweise. Vielleicht ist es auch gut, keine Ahnung, aber der Prozeß, angefangen damit, daß mich jemand, ein Produzent, bittet, ein Telefon zu designen, weiter mit der Phase der Ausarbeitung, dann der Herstellung, bis ich so ein Ding schließlich in der Hand halten kann, ist mir viel zu lang. Habe ich die Idee zu einem Telefon, ist der Prozeß kurz, das Ergebnis gut. Wie in der Kunst: Wenn du etwas zeichnen willst, aber nicht weißt wie, ist das Resultat banal. Hast du eine Idee und machst und zeichnest, ist das Resultat in der Regel sehr gut, sehr stark.

Also meinst Du, es ist ein genialer Aspekt dabei?

Ja. Wir haben Handwerker, Techniker und unsere Hände zur Verfügung, die alle Formen zulassen, die man sich wünscht.

Auch die fortschrittliche Technologie folgt dieser Idee. Wir müssen nur sagen, wie wir es haben wollen.

Theoretisch. Ich kenne die italienische Industrie nicht so gut, aber ...

Die italienische Industrie ist ein Prototyp dieser Idee!

Wenn du ein Projekt für Moroso machst, einen Stuhl, bist du dir der technischen Möglichkeiten, die sie in ihrer Firma haben, immer bewußt?

Nein, meistens nicht. Bei Möbeln hast du immer noch die Möglichkeit, etwas zu ändern, weil die Firmen sowieso denken: Jedes Jahr muß ein Produkt ein wenig verändert werden. Nicht substantiell, aber so ein bißchen die Idee verändern, das ist das System bei den Möbeln. Ich habe bisher hauptsächlich Möbel gemacht. Jetzt fange ich an, auch andere Objekte zu zeichnen, die Probleme sind in der Regel die gleichen. Und generell haben die Firmen die Möglichkeiten, die formale Idee auch auszuführen, nicht unbedingt auch die technologische. Deswegen entstehen die ganzen Sachen auch hier - wenn man mal von den Möbeln spricht und noch nicht von den Telefonen.

Aus Deutschland bin ich es gewohnt, zu hören, wir haben diese und jene Maschinen, die schaffen dies und das. Wenn du mit einer Zeichnung kommst, in der es nicht berücksichtigt ist, sagen sie: ,,Tut uns leid, das kann unsere Maschine nicht".

Das mag für Deutschland zutreffen, aber hier produzieren viele Firmen gar nicht selbst, haben nicht selbst Maschinen auf die sie dann festgelegt wären. Kartell, zum Beispiel, ist eine große Unternehmensgruppe, die vor vier oder fünf Jahren den produzierenden Teil ihrer Firma verkauft hat und nur noch ordert.

Massimo Iosa Ghini - Disco Club Bolido, New York, 1989

*Das ist sehr italienisch. Ich war mal in Kontakt mit einer Fir-
ma in Verona, von denen konntest du alles ordern, da sind eine
Menge kleiner Firmen drumherum, die arbeiten in einem Net-
work. Gibt es heute im Design Avantgarde?*

Ich denke doch. Du nicht?

Ich bin mir nicht sicher.

Ich schon, denn es gibt viele Leute, die Dinge machen, die die
Firmen nicht wollen.

*Und du meinst, es ist avantgardistisch, wenn du etwas de-
signst, das die Firmen oder die Gesellschaft nicht produziert
haben wollen?*

Es ist doch eine gute Definition von Avantgarde. Die Belange
der Firmen sind ja finanzieller Natur, nicht kultureller; sie benutzen Kultur für die PR. Wenn meine Ideen nicht in Verbindung stehen mit den finanziellen Zielen der Firmen, ist es meiner Meinung nach Kulturarbeit, Avantgardearbeit. Oder wenn
du fernsiehst: Fernsehen ist ja eine Synthese der Ideen der
Leute, spricht also über viele viele Meinungen und Richtungen, aber am Ende ist da nur noch eine Richtung, weltweit.
Zum Golfkrieg gab es viele Meinungen, aber am Ende sagt das
Fernsehen, daß Bush richtig gehandelt habe und wir sind nicht
glücklich, aber Bush hat gewonnen. Und so eine generelle
Idee gibt es auch im Design. Wenn du dieser weltweiten Idee
nicht zustimmst und das in deiner Arbeit zeigst, handelst du in
einer Art avantgardistisch. Gropius hat viel Geld verdient,
aber er machte Avantgarde wie Finsterling, denn die große
Richtung wurde von ihnen beiden nicht verfolgt. Es ist nötig,
anders zu sein, denn in dem Moment, wo du integriert bist -
sieh Dir Bob Dylan an - ist es nur banal.

*Bob Dylan ist ein gutes Beispiel: Wenn ich zurückschaue, war
Avantgarde fast immer mit einer gesellschaftlichen Bewegung*

verbunden. Das Bauhaus, zum Beispiel, war eine politisch linksgerichtete Bewegung.

Aber eine politische Bewegung in einer bestimmten Zeit. Beim Blick auf unsere Zeit, unsere Gesellschaft, stellen wir fest, gibt es keine große politische Bewegung. Deswegen sind auch auf dem Markt heute die Probleme so groß, den kleinsten gemeinsamen Nenner der Leute zu finden. Wir zwei sind Designer, wir kommen aus der gleichen Generation, wir sind viel rumgekommen, wir kennen eine Menge Leute, wir sind befreundet - aber: Ich habe meine Idee, Du hast Deine Idee, das ist in Ordnung. Wollten wir alle Leute von unserer Idee überzeugen, würden wir verzweifeln, denn heute ist es unmöglich, eine große Bewegung zustande zu bringen. Schau Dir die Kriege an, das ist unglaublich ...

Ich frage mich, was geschieht eigentlich heute? Insbesondere hier in Mailand, wenn du durch die Möbelmesse gehst, ist das meiste sehr formalistisch geworden.

Stimmt, aber die Form ist nur das Kind der Ideen. Es ist nicht möglich, formale Untersuchungen zu machen, ohne Ideen zu haben, die man hineinlegen kann. Ich weiß nicht, ob zuerst die Idee oder die Form da sein muß, denn ich bin kein Rationalist. Aber wenn du rein formal arbeitest und die Leute fragen dich warum, bist du aufgeschmissen.

Ja, eine sehr wichtige Frage: Warum?

Fragst du jetzt mich?

Ja.

Oh je! Ich bin zwar Formalist, aber wie gesagt, ist es nötig, Ideen hineinzutun. Eine Idee ist unser System der Produktion, das ich akzeptiere, sogar mag, weil es sehr frei und flexibel ist - zum Beispiel gibt es in Italien keinen Daimler-Benz der Mö-

Massimo Iosa Ghini - Stuhl Robin, 1989

80

bel, denn alle Firmen haben fast die gleiche Kraft. Die Firmen arbeiten sehr handwerklich, haben aber auch eine Vorstellung von der Technik und ihren Möglichkeiten. In Udine ist eine Firma, die eine Maschine angeschafft hat, um Rundungen oder Holzplastiken zu machen - und nun lassen die Firmen in der Nähe auch dort arbeiten. Du kannst dich auf deine Arbeit konzentrieren und Einfälle haben. Eine Idee, verbunden damit, ist auch meine Art zu Arbeiten, die hinter den Dingen steht: Nehmen wir an, ich fange eine Untersuchung über Glas an, ich beschäftige mich mit der Geschichte des Glases, den einzelnen Arbeitsschritten und dann sehe ich zu, was sich da machen läßt für mich. Sicher finde ich jemanden, der sagt: ,,Ja, gut, wir versuchen es mal." Nicht: ,,O.K., wir produzieren das!" sondern ,,Wir versuchen es mal". Eine Freiheit, die ich nicht hätte, wenn ich, zum Beispiel, ein Modeschöpfer wäre: Zwei Kollektionen jedes Jahr, der Vertrag mit dem Produzenten, das Verkaufssoll, etc.

Du kommst von einer Jugendkultur, den Comics. Die haben in den letzten 20 Jahren immer größere Bedeutung erlangt. Als Kid habe ich viele Comics gelesen und gesammelt, auch heute noch. In diesen Comics war die Welt, ganz anders als in der Schule. Die offizielle Kultur hat die Comics immer ignoriert.

Ich mag sehr eine bestimmte Gruppe und Zeit des Futurismus in Italien, während der 30er Jahre. Die Florentiner Gruppe, auch einige unbekannte futuristische Architekten, wie Diugheroff oder, ein anderer Florentiner, Bamfi. Diese Leute haben eine Menge Theorie geschrieben und ich hatte die Idee, all diese Information in eine eigene Welt zu stecken. Ich vermischte diesen klassischen Futurismus mit einer Liebesgeschichte und verpackte das ganze in einen Comic. Das war phantastisch, ich habe mir eine ganze Welt ausgedacht, habe Formen ausprobiert - von den Häusern bis zu den Möbeln.

Aber niemand lebt allein mit seiner Phantasie. Du hast diese futuristischen Bücher gelesen, dann sind da noch andere Bil-

der, aus der modernen Industrie, von elektronischen Geräten oder aus Filmen. Du hast ein altes futuristischen Denken und ein neues.

Ja, eine Kombination von Bildern, in denen ich in die Zukunft sehe. In Flash Gordon sind einige Sachen, die ein Wissen haben von der Zukunft, weil sie die Tradition unserer Idee der Zukunft sind. Ein Bild der Zukunft, wie in den Filmen der 60er Jahre, haben wir heute nicht mehr, denn unser Bild der Zukunft ist weiter fortgeschritten. In Blade Runner ist ein Mann, der benutzt Papier und Bleistift und ist ein Konstrukteur/Erfinder von Replikanten. Diese Art Kompromiß ist akzeptiert. Die Zukunft ist eine Mischung aus Lebensarten. Ich mag, zum Beispiel, den Gedanken nicht, in einem ganz neuen Haus zu wohnen, ich ziehe alte vor. Keine futuristische Idee, aber es ist eine Idee für die Zukunft, denn es ist unmöglich, die ganzen Häuser abzureißen, um neue zu bauen. Auch das Problem von Nord und Süd. Wir müssen uns damit abfinden, nicht alle Probleme lösen zu können. Aber wir müssen die Fähigkeit entwickeln, das Problem anzugehen. Die Möbel sind nicht das wichtigste auf der Welt.

Sind deine Möbel oder Einrichtungen ,,a boy's dream''? Der Traum des kleinen Massimo, der Flash Gordon liest und sagt, das mache ich auch alles? Als ich zuerst in dein Studio hereinkam, dachte ich an einen Hollywood-Film aus den 30ern. Vielleicht kennst du das Buch ,,Designing Dreams''? Wie das ,,Büro eines Architekten''.

Ich mag diese Leute von damals, heute sind sie sehr berühmt, Loewy und auch andere. Sie arbeiteten wie Künstler, aber ihre Produkte waren auch Ergebnis einer Teamarbeit. Bei jedem Projekt gibt es einen, der unterzeichnet. Beim Film ist es der Regisseur, aber das Produkt ist das eines Teams. Bei den Möbeln ist es genauso: Es ist einfacher, wenn Moroso mir erklärt, wie man diesen Armchair macht, als umgekehrt.

Massimo Iosa Ghini - Sofa Ellitico 14;
Holz, Leder; Hocker Disco 16; Chrom, Stahl, Leder

Außer in Milano hast du auch ein Büro in Bologna, hast du viele Angestellte?

In Bologna habe ich ein Büro, weil da meine Ehefrau Milena ist. Aber ich bin kein Multi. Ich habe zwar auch ein kleines Büro in Tokio, aber das ist ein Freund, der meine Arbeit liebt und sie in Japan verkaufen will. Er ist Journalist, der eine Sekretärin für uns beide beschäftigt, das ist kein Büro, wo Leute zeichnen. Ich habe zwei Leute hier, da ist Letitia, die seit drei Jahren mit mir arbeitet, jetzt kommt noch ein Mädchen, das Letitia hilft. In Bologna habe ich viele Mitarbeiter, aber das sind nicht meine Angestellten, sondern die arbeiten ein, zwei, sechs Monate da - solange ein Projekt eben dauert. Ich möchte mich nicht mit vielen Angestellten belasten, das würde meine Freiheit einschränken. Aber wenn du relativ frei arbeiten willst, brauchst du so etwas wie eine kleine Familie. Und die habe ich.

Javier Mariscal
MEDITERRANE TRÄUME

Brandolini: Hast du ein bißchen Zeit, daß ich dich etwas fragen kann?

Mariscal: Nein.

Zwei oder drei Fragen.

Also gut ...

Würdest du sagen, deine Arbeit ist Avantgarde-Design?

Ja, sicher. Sie ist vorneweg, allerdings nicht in einer Garde.

Wohin geht der Weg?

Weit weg. Ich weiß es nicht, vielleicht zum Mond, zur Sonne oder darüber hinaus zu anderen Galaxien.

Jede Arbeit steht in Beziehung zu einer bestimmten Kultur. Deine auch?

Ja, zur mediterranen. Italien, Griechenland, Türkei, Marokko, Ägypten, Libanon, Libyen, diese Länder haben viele Gemeinsamkeiten: Oliven, die Küche, dieses seltsame Meer, das manchmal zu schlafen scheint, dann wieder stürmt es ganz fürchterlich.

Gestern habe ich mit Oscar Tusquets gesprochen. Seine Arbeit hat starke Verbindungen zur Geschichte der Gebäude und des Lebens überhaupt. Deine Arbeit beginnt mit Comics, mit grafischen Arbeiten. Sind die auch auf die mediterrane Kultur bezogen, oder ist das eine ganz andere Sprache?

oben: Javier Mariscal - Stuhl Casino Voramar, 1981;
rechts: Comic Artistas/ Historieta, 1976;
Seite 89: Maskottchen Cobi, Barcelona 1988

Ich weiß nicht. Wir wachsen ja heute mit den Bildern auf. Ich habe Bücher und Briefe lesen, aber auch Bilder und Filme verstehen gelernt. Es vermischt sich. Schwer zu sagen, ob oder wie es sich gegeneinander abgrenzt.

Ich denke oft, unsere Welt wird immer mehr zu einer visuellen Welt, so daß wir viel mehr auch in Bildern denken. Was glaubst du?

Das ist doch ganz normal. Als die Menschheit entstand, hat sie auch in Bildern gedacht. Adam und Eva dachten vielleicht in ähnlichen Bildern, wie wir heute. Aber wir haben die Technik, sie zu zeigen, das ist der Unterschied zwischen uns und meinetwegen auch den Römern, die vielleicht die gleichen Bilder hatten, aber nicht die Technologie, sie auszudrücken: Photos, Zeitschriften, Fernsehen.

Wie schätzt du dich selbst ein. Bist du ein Grafik-Designer, ein Designer?

Ich bin ein Träumer.

Und du machst deine Träume wahr?

Ich lasse die Realität wie ein Traum erscheinen.

Du machst ja nicht nur Zeichnungen, sondern auch wirkliche Stühle und Lampen. Wie arbeitest du da?

Ich arbeite am liebsten mit anderen Leuten zusammen.

Aber du allein machst auch Stühle.

Ich designe eine neue Art Stühle. „Normale" Stühle zu machen, interessiert mich nicht. Aber ich mag sie benutzen.

Wie sieht das aus, wenn du einen Stuhl bauen läßt? Machst du

Zeichnungen, wie für einen Comic? Oder machst du genaue technische Zeichnungen und gehst damit zu den Handwerkern?

Nein, das nicht. Ich arbeite mit den Leuten zusammen und diskutiere viel, nehme die guten Sachen und mische sie zusammen. Manchmal mache ich auch alles alleine. Ein anderes Mal tue ich nichts, rede nur. Ich arbeite mit sehr viel Freiheit.

Was sind deine nächsten Projekte? Jemma sagt, du gehst nach Japan?

Ja, es sind so viele Projekte, ich weiß nicht, wir haben wirklich keine Zeit für Langeweile.

Dead Chickens - Dead Chickens Warehouse Inc., 1990;
Foto: Henryk Weiffenbach

Dead Chickens

Hannes Heiner, KAI,
Breeda Chen Chen, Henryk Wciffcnbach

Unsere Aktion ist kein Endprodukt. Sie will ein mehrdimensionales ganzheitliches Erlebnis mit Bildcharakter provozieren. Das in der Regel funktional gebrauchte Instrumentarium der Sinne - hören, sprechen, sehen, fühlen, sich bewegen, ichsein, denkenkönnen, etc. - soll gewebeartig aktiviert werden, ohne daß es auf ein bestimmtes Bewußtseinsmuster fixiert wird.

Wir fassen unsere Arbeit als ein Spiel auf, in dem wir eine mehr oder weniger passive Rolle spielen.

Wir lassen einen Bewegungsraum entstehen durch mobile bemalte Figurationen, stachelartige Organismen aus rostigem Stahlblech. Durch Licht- und Filmeffekte brechen wir das räumliche Gefüge auf. Maskierte, verhüllte Wesen hasten, verharren, wandeln, lassen die phantastische Objektwelt lebendig werden, schaffen ein verändertes Raumerlebnis.

Wir produzieren Töne, lassen uns suggestiv betönen, liefern uns dem Rhythmus aus, folgen den Geräuschen. Daraus entwickeln sich Tonfolgen, eine fortschreitende Wechselwirkung zwischen uns und den Geräuschen. Wir lassen die Geräusche in ihrem „natürlichen" Zusammenhang, dynamisieren sie durch unseren Automatismus. Wir filtern, werden musikalisch vernetzt, ein Klangraum entsteht - ein Spiel-Raum für die Phantasie.

Klangraum - Bewegungsraum mit Geisterbahneffekt. Eine Befreiung von Ängsten durch das Spiel mit dem sinnlichen Schockerlebnis. Spektakel nicht als Mitteilung über die Wirklichkeit, sondern als erlebte Wirklichkeit.

Durch die multimediale Ausstrahlung des Geschehens soll ein Aggregatzustand erzeugt werden, der bei aktiven und passiven Teilnehmern Imaginationen freisetzt - die sie in einem Prozeß der Wechselbeziehungen - die sich verändernde Wirklichkeit, erleben läßt.

Dead Chickens - Office Furniture with KAI, 1990;
Foto: Henryk Weiffenbach

Galerie
und
Industrie

NEOTU - Tisch Liberata, Design: Martin Szekely, 1989

Pierre Staudenmeyer
NEOTU: ARTS AND CRAFTS REVIVAL

Andreas Brandolini: Wann haben Sie mit der Galerie ange-
fangen und warum?

Pierre Staudenmeyer: Angefangen haben wir vor etwas mehr
als fünf Jahren, im März 1985, mit einem Lounge Chair, ge-
nauer dem ,,Pi'' Lounge Chair. Die richtige Eröffnung war
dann im September. Warum? Das ist eine lange Geschichte,
aber ich versuche, sie ganz kurz zu machen. Eigentlich hatten
Gerard Dalmon, mein Partner, und ich gar nichts zu tun mit
Möbeln und decoratif arts. Gerard war Computering Consultant, ich Marketing Consultant. Aber uns beide interessierten
zwei Dinge: Zum einen die Kunst, die Psychoanalyse zum anderen. Ende der 70er Jahre war die Kunst sehr langweilig: Minimalismus und Konzeptkunst wurden zur Manier und diese
Art zu sehen gefiel uns gar nicht. Dann kam die Wiederkehr
der figurativen Malerei; das war genau nicht das, was wir uns
von der Kunst erhofft hatten. Wir finden es schade, daß die
meisten Künstler heute nur noch für das Museum produzieren.
Dabei geht eine Perspektive der Kunst verloren. Es ist nämlich
sehr wichtig, daß Sammler die Dinge kaufen, denn es ist eine
ganz andere Art von Beziehung, etwas zu besitzen, es im Haus
zu haben, als es sich im Museum anzusehen. Ich sage immer,
das Museum ist wie ein Zoo. Man kann nicht so tun, als könnte
man dort eine Vorstellung des Lebens der Affen bekommen.
Genauso kann man im Museum keine Ahnung von zeitgenös-
sischer Kunst entwickeln. Man muß verstehen, warum man-
ches unsichtbar ist, warum man etwas imaginieren kann,
selbst wenn man es nicht sieht. Dazu kommt, daß während der
letzten 30 Jahre die Kunst eine Phase der Dematerialisierung
durchlief, und wir sehr an der Rematerialisierung interessiert
sind. Der andere große Punkt ist unser beider Interesse an der
Psychoanalyse. Wir waren beide in Seminaren über Lacan und
über das Bild des Körpers in der Kunst. Natürlich hat uns die

Beschäftigung mit den Möbeln auch unter diesem Aspekt interessiert, denn ein Möbel ist eine Art Abdruck des Körpers. Das sind also die beiden Hauptgründe, warum wir uns für dieses Gebiet interessiert haben. Und weil wir Geschäftsleute bleiben wollten, haben wir uns entschieden, diese Firma zu gründen. Ein weiterer Punkt war, daß viele unserer Freunde Designer sind, die damals gerade anfingen. Mit ihnen zu arbeiten war relativ einfach. So hat das angefangen, heute sind sie sehr bekannt.

Die Idee, als Designer für eine Galerie zu arbeiten und die Idee einer Galerie für Möbel ist ja ungewöhnlich.

Damals war das vielleicht ungewöhnlich, aber die Geschichte der Möbel ist voller Beispiele von Leuten, die gearbeitet haben wie wir. Wenn Sie zurückgehen in das 18.Jahrhundert, gab's da in Frankreich die Marchands Merciers. Das waren diejenigen, die zu den Handwerkern gingen und die Sachen für den König bestellten. Und in den 50er Jahren gab es in Frankreich Steph Simon, der die Sachen von Le Corbusier, von Jean Prouvé, Charlotte Perriand und Serge Mouille präsentiert hat. Es ist also wirklich nicht neu, es ist nur ein Revival. Während der letzten zehn oder zwanzig Jahre gab es das nicht, und wir sind nun Teil des Revivals.

Sie beziehen sich also mit Ihrer Arbeit auf die Traditionen des Kunsthandwerks?

Ja, vollständig. Das ist unsere Strategie. Als wir anfingen, mußten wir zuerst entscheiden: Wollen wir eine Galerie machen in der wir die Stücke wie wertvolle Kunstgegenstände präsentieren, selbst wenn sie nicht work of art, keine Skulpturen sind - oder sollen wir eine klassische Strategie wie den italienischen Weg einschlagen, den Leuten vormachen, wir seien industrielle Hersteller. In Wirklichkeit arbeiten nämlich die Italiener nicht industriell, die arbeiten wie wir klein klein, selbst Cassina produziert nicht selbst.

Aber da ist ein Unterschied zwischen Ihrer und der italieni-
schen Art zu produzieren: Die Italiener benutzen die experi-
mentellen Sachen, um eine Menge Lärm zu schlagen und dann
verkaufen sie massenhaft ,,normale" Möbel.

Wir haben es vorgezogen, einen neuen Weg zu finden. Wir
machen achtzig Produkte jedes Jahr und geben viel Geld für
die experimentellen Sachen aus.

Sie haben also von Anfang an selbst produziert?

Ja. Wir fanden, der richtige Weg, mit Designern zusammenzu-
arbeiten ist nicht, ihnen wie eine Gemäldegalerie die Sachen
abzunehmen und sie weiterzuverkaufen. Wir fragen die Designer nach Zeichnungen und kümmern uns um alles, was nach
den Zeichnungen kommt.

Wo produzieren Sie die Möbel, Sie haben keine Fabrik?

Nein, aber wir haben eine Gruppe von Handwerkern und mehrere kleine Industriebetriebe, die für uns arbeiten. Sie machen
das, und wir machen den finanziellen Aspekt.

Am Anfang haben Sie Sich über die Kunst und die Künstler
geärgert, die damals nicht für das Haus, sondern nur für das
Museum produzierten. Hat sich da mittlerweile etwas geän-
dert?

Es hat sich ein bißchen etwas geändert.

Denken Sie, die Designer, mit denen Sie angefangen haben,
waren Avantgarde?

Ich mag die Idee der Avantgarde nicht, der Begriff hat in den
letzten zwanzig Jahren seine Bedeutung verloren, beschreibt
ein altes Konzept, das heute nicht mehr funktioniert. Aber ich
denke, Designer und diejenigen, die vor zehn Jahren Möbel

gemacht haben, waren auf der Suche nach etwas sehr wichtigem für unser Leben.

Was, denken Sie, ist üblicherweise Avantgarde?

Ich denke, mit der Avantgarde war es Anfang der 50er Jahre vorbei, was danach kam, war nicht mehr Avantgarde.

Was war Avantgarde in den 50er Jahren?

Der Biomorphismus war eine avantgardistische Bewegung, auch die späten Surrealisten, aber nicht der abstrakte Expressionismus, die Konzeptkunst, der Minimalismus.

Können Sie definieren, was Avantgarde war oder sein sollte, Ihrer Meinung nach?

Avantgarde ist sehr bezogen auf die Jahrhundertwende und darauf, einen neuen Weg, eine Vision für die Welt auszudrükken. Im Moment sind wir nicht in der Lage, eine neue Vision zu finden, weil es gegen Ende des Jahrhunderts keine search revolution gibt, die eine solche Bedeutung erlangt. Duchamp war ein Beispiel für Avantgarde, er hat einen Weg gefunden zwischen der klassischen Vision der Kunst und der Weiterentwicklung der Gesellschaft. Tatsächlich hat die Gesellschaft seitdem nicht so einen großen Schritt Vorwärts gemacht, daß da Bedarf wäre für eine Pause. Die letzte richtige Avantgarde gab es für mich am Anfang des Jahrhunderts.

Viele Leute sagen heute, durch die ganze Entwicklung der Medien, der Computer, braucht die Welt eine neue Vision.

Aber im Moment ist niemand auf der Welt in der Lage zu verstehen, was die Revolution der Medien wirklich bedeutet. Es gibt einige Versuche, aber ich sehe keine Arbeit, ob in der Kunst, in der Philosophie, in der Möbelproduktion, die als Avantgarde zu betrachten wäre. Jemand, der, denke ich mir, sich des Problems ein bißchen bewußt ist, ist Paul Virilio.

Da sind noch andere, wie Baudrillard ...

Ich denke, Baudrillard ist absolut nicht auf der Höhe der Diskussion. Er sagt bloß, alles ist neu ... Virilio versucht, das
Neue zu verstehen, er hat gerade ein Buch geschrieben, Inertie
polaire, darin vertritt er sehr interessante Standpunkte. Aber
ich sehe im Moment keinen anderen Künstler, der in dieser
Richtung arbeitet.

*Aber in welcher Weise sehen Sie die Möbel der Künstler, die
Sie verkaufen?*

Ich denke, sie wollen etwas darüber herauszubekommen, was
Bild ist und was Funktion, und sie versuchen, diese beiden
Aspekte zu kombinieren.Ich denke, das ist in gewisser Weise
neu. Zum Beispiel gab es in den 50ern eine sehr expressive
Bewegung im Design, in den 60ern noch ein wenig, aber es
war schon nicht mehr dasselbe, und in den 70ern hörte sie
vollständig auf, brachte den Post-Funktionalismus hervor, da
war keine Stimmung mehr, in dem, was sie taten, aber in gewisser Weise hat sich die Szene verändert, auch wenn ich
nicht sicher bin, ob das Avantgarde ist, oder ob der Begriff der
Avantgarde überhaupt noch berechtigt ist. Aber es hat sich
was getan.

*Ja, das stimmt. Was ist Ihr Ziel. hat sich da auch etwas verän-
dert an Ihrem Konzept, an Ihren Interessen?*

Ganz und gar nicht. Ich kann höchstens sagen, daß das, was
wir während der 80er Jahre gezeigt haben, expressiver war,
daß die Designer-Persönlichkeit stark in den Vordergrund gerückt wurde. Heute suchen wir nach leiseren Dingen. Ich denke, wir gucken nach Stücken, die nicht mehr so expressiv sind
wie noch in den 80ern, das war damals ein Fehler. Heute versuchen wir, eine Verbindung zur Tradition zu finden, versu-

chen herauszufinden, was Moderne war und was sie heute ist. Wir fühlen, daß es sehr wichtig ist, eine Verbindung zur Moderne zu finden und die ganze blöde Geschichte mit der Postmoderne kannst du vergessen, das ist ein falscher Ansatz, ein falsches Verständnis der Medien.

Um ehrlich zu sein, wenn ich mich hier so umgucke, sehe ich einige Zeichen von Postmoderne oder so eine Art postmodernes Verhalten.

Was?

Diesen Tisch zum Beispiel. Es gibt keine sehr exakte Definition von Postmoderne, aber es wird deutlich, daß die Leute bestimmte vorgegebene Formen benutzen und wie mit einem Bauspielkasten damit umgehen, - aber ich will das nicht schlecht machen.

Aber ich. Wir versuchen, diese funky combination zu vermeiden, die ohne jeden Zweck ist. Wenn man über Postmoderne redet, unterstellt man, die Moderne sei vorüber, aber ich glaube nicht, daß wir die Moderne verlassen haben. Wir befinden uns immer noch in einer modernen Periode. Ich habe die Postmoderne nie verstanden, nie akzeptiert. Aber tatsächlich, ja, wir haben versucht, uns auf die Geschichte der Möbel zu beziehen, nicht nur auf die französische, sondern weltweit. Auch auf die italienische der 50er oder 60er Jahre. Wir sind eben an einer Verbindung interessiert, nicht an dem Effekt. Die Postmoderne interessiert sich für den Effekt der Dinge, das Bild der Dinge, das Verständnis der Dinge. Wir sind nicht interessiert an dem Ding, sondern an der Verbindung zwischen Moderne, Geschichte, und dem, was heute passiert.

Wie sehen Sie die Möbel, die Sie hier ausstellen, was versuchen sie auszudrücken? Sind sie lediglich Möbel, die diese Verbindung herstellen, oder ist mehr dahinter? Sie sagten am Anfang, Sie seien sehr interessiert an Psychologie?

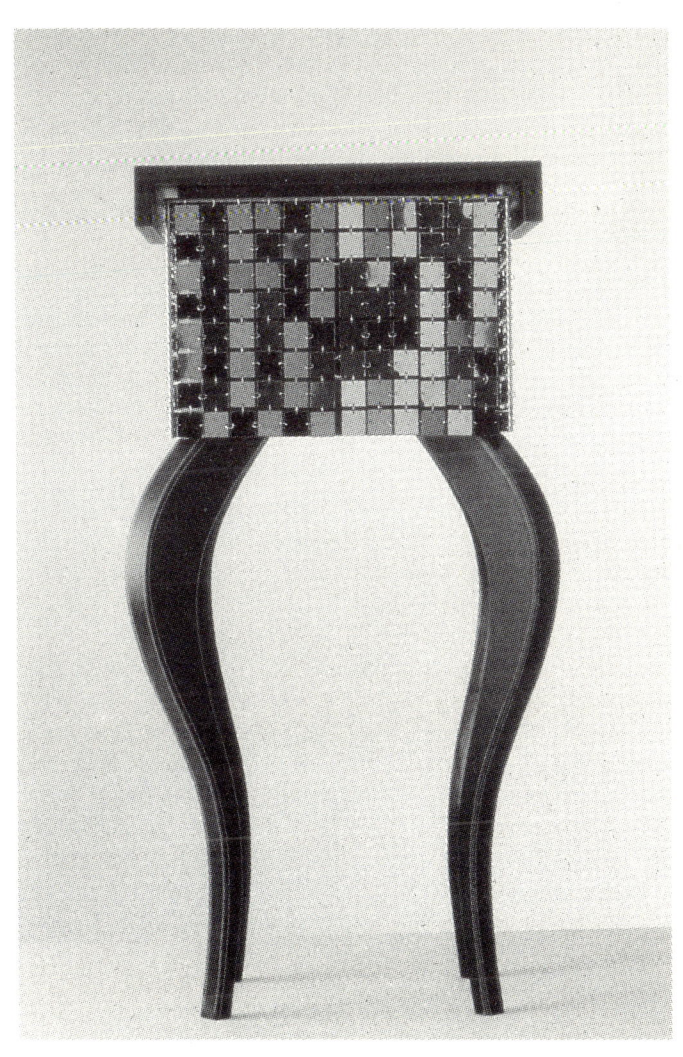

NEOTU - Cabinet Pin up
Design: Liberati & Heetman, 1989

Jedes dieser Stücke hat eine eigene Geschichte, es würde aber zu lang werden, darüber zu sprechen. Wir versuchen den Leuten zu zeigen, daß man mit Form, Funktion und Bedeutung zugleich leben kann. Und ich denke, jedes dieser Stücke ist eine Verbindung aus Form, Funktion und Bedeutung.

Wozu brauchen wir diese Bedeutung?

Wir können nicht ohne Bedeutung leben, das ist eine menschliche Grundbedingung. Es ist eine Frage der Psyche, und meine Dreierkombination ist wie die aus réel, imaginaire, symbolique. Unsere Möbel wollen erklären: Form genügt nicht, Funktion genügt nicht, Bedeutung genügt nicht, diese Punkte müssen zusammen kommen.

Woher kommt die Bedeutung? Sie haben mir erzählt, Sie sehen Sich in der Tradition des Möbels und jedes Möbel transportiert immer eine bestimmte Bedeutung. Wie sehen Sie also diese Möbel hier in unserer Welt?

Sie sind nicht ausdrücklich bezogen auf die Welt an sich, sondern auf die Handlung, den Akt eines jeden in ihr. Nehmen Sie dieses Regal. Es ist funktional, Sie können Bücher hineinstellen. Es ist eine Form. Es ist auch eine Art Metapher. Wenn Sie die Bücher hineinstellen, sieht es aus wie ein prall gefüllter Bauch. Und was ist Lesen anderes, wenn nicht etwas essen, in sich aufnehmen und es versuchen zu verdauen. Das Regal ist also eine Metapher für den Akt des Lesens an sich. Ich will mit den Leuten nicht über die Welt diskutieren, sondern darüber, was sie tun und wie sie handeln, das reicht mir. Ich glaube nicht mehr an Revolutionen, an große soziale Veränderungen. Aber ich glaube an die kleinen Veränderungen im Leben eines jeden.

Eine individuellere Strategie.

Genau. Und wenn Sie dieses Regal zu Hause haben, müssen

Sie, vielleicht unbewußt, darüber nachdenken, was es ist, ein Buch zu kaufen, es in das Regal zu stellen, es zu lesen. Meinen Studenten sage ich, daß ein Regal oder Container nicht funktional ist, sondern eine Art Balance zwischen Zensur und Exhibitionismus. Ich interessiere mich für Regale wie dieses: Sie zeigen und sie verhüllen Dinge. Das ist die eigentliche Funktion des Regals: zu zeigen und zu verhüllen.

In gewisser Weise führen die Dinge etwas vor.

Ja, das interessiert mich an Möbeln und an Häusern.

Dann wird es eine Bühne?

Nicht ganz, es ist ja nicht Theater, nicht nur eine Metapher, sondern das wirkliche Leben. Das Leben ist mit einbezogen, wenn Sie solche Möbel benutzen. Wenn Sie sie zu Hause haben, heben Sie die reale Dimension der Dinge. Kein Theater, kein Museum, kein Zoo, um das wahre Leben, die Kunst oder die wilden Affen zu sehen.

Wie denken Sie über Mode, hat Mode etwas mit der Galerie zu tun?

Nein, aus verschiedenen Gründen nicht. Es gibt einige Punkte, die sind ähnlich, aber da sind so viele, die es nicht sind. Das macht es so schwierig, über Mode zu sprechen. Mode ist verbunden mit etwas anderem, mit einer möglichst raschen Verführung. Möbel wollen nicht sofort verführen.

Vielleicht braucht es ein wenig länger, aber Sie haben Möbel von Comme des Garìons und die Mode, die sie machen, ist sehr in Mode.

Aber nicht ihre Möbel. Was mich an diesen Möbeln interessiert, ist nicht besonders modisch, eher altmodisch.

Da wäre ich nicht so sicher, ich mag insbesondere diese Stük-
ke, die ein wenig auf die Vergangenheit zurückblicken und ich
sehe heute, wie manche Designer in Europa arbeiten: Daß sie
wieder reduzieren und klassischmoderne Formen und Kon-
stellationen verarbeiten. Ich denke, das ist in Mode.

Das ist keine Frage der Zeit, wenn ich von der unmittelbaren
Verführung durch Mode spreche. Wenn eine Frau ein Kleid
trägt, dann zu dem Zweck, irgendwen zu verführen. Der Kauf
eines Möbels ist nicht mit unmittelbarer Verführung verbunden. Ich spreche nicht von Mode im Moment, sondern alles,
was mit dem Körper direkt zu tun hat, soll verführen. Wenn
ihnen eine Frau auf Wiedersehen sagt und beim weggehen ihre
Strümpfe zeigt, will Sie Sie verführen. Wenn Sie ein Möbel
bauen, können Sie nicht so arbeiten.

Aber sogar die Produzenten sagen, dies Jahr machen wir es
so, nächstes Jahr anders ...

Ich glaube nicht an diese Geschichten, da gibt es keine Tendenzen. Das ist eine falsche Sicht der Möbelwelt heutzutage,
wenn Leute sagen, dieses Jahr machen wir Holz, nächstes wird
es Metall, dann vielleicht ...

Aber letztes Jahr in Mailand ging es doch mit dem Holz los.
Alle wollten Möbel in Holz, Holz, Holz.

Nein. Nicht wirklich. Es gab immer Möbel aus Holz, immer.
Wenn Sie Sich die 80er, die 70er, die 60, die 50er, die 40er
anschauen. Das ist nicht wahr, das ist nur etwas, um mit der
Presse zu spielen. Die 60er waren auch nicht die Plastik-Peri-
ode, bestimmt nicht, die Produktion von Plastik-Möbeln lief
nur über einen ganz kurzen Zeitraum.

Als ich mir die Ausstellung im CCI angesehen habe, und in die
Pariser Sektion ging ...

Was für eine Pariser Sektion? Da ist keine Pariser Sektion! Blödsinn.

Meinen Sie?

Das hat keine Bedeutung.

Ich kam also da rein und hatte den Eindruck, daß alles sehr gut zusammenpaßt. Für mich ergab sich der Eindruck eines Stils, der sehr stark von Philippe Starck und vielleicht noch zwei, drei anderen Designern der jüngeren Generation beeinflußt ist. Es sah sehr homogen aus. Das mußte ich wieder an Mode denken. Vielleicht ist es das Land oder seine gesellschaftlichen Bedingungen, die diesen Stil hervorbringen.

Ich verstehe die Frage nicht ganz.

In dieser Ausstellung sieht man vier Städte, die deutsche Sektion, Düsseldorf, hat einen bestimmten Stil: Ein bißchen roh, nicht sehr raffiniert in den Details. In der italienischen Sektion sieht man andere, unterschiedliche Konzepte, ebenso in der spanischen. Aber die französische sieht wieder sehr homogen aus. Die Frage ist, glauben Sie, daß die Möbel, die in Frankreich produziert werden, eine französische Tradition haben, oder hat das speziell französische keine Bedeutung?

Es hat keine Bedeutung.

Branzi und andere sprechen heute viel von Identität.

Er spricht sogar von lokalem Design.

Was denken Sie darüber?

Ich halte das für einen Fehler, über lokales Design oder Identität zu sprechen - das gibt es nicht. Ich denke nicht, daß Sottsass besonders italienisch oder Starck besonders französisch,

Jasper Morrison besonders englisch ist. Quatsch. Die Dinge, die lokal begrenzt sind, sind nicht die guten Sachen.

Wie sehen Sie Europa? Meinen Sie, die Franzosen oder die Deutschen haben einen bestimmten Lebensstil?

Ich denke, Lifestyle ist ein schwacher Ausdruck. Es gibt Unterschiede zwischen den Ländern, aber der Lebensstil ist überall der gleiche.

Ich meinte den kulturellen Hintergrund und die Art und Weise, wie man sich ausdrückt.

Um ehrlich zu sein: Ich denke, es ist eine Frage der Höflichkeit. Die Nationen haben nicht den gleichen Level von Höflichkeit. Manche Leute latschen einem über die Füße und sagen „Selber schuld, was stehst du mir im Weg!" Andere bitten um Entschuldigung. Das ist der Unterschied. Nicht der kulturelle Background, nicht Lifestile und nicht Philosophie. Sondern die Weise, wie man Zivilisation versteht.

Vielen Dank für das Gespräch.

Rolf Fehlbaum
VITRA:
RECHERCHE UND WIDERSPRUCH

Andreas Brandolini: Mich interessiert, warum Sie als großer Büromöbelhersteller sich mit so etwas wie dem Stuhlmuseum abgeben, warum Sie die Vitra Edition machen, die ja nicht auf einen großen Markt zielt. Warum tun Sie sich das an?

Rolf Fehlbaum: Wir sind ja nicht nur Büromöbelhersteller. Wir waren immer ein Unternehmen, das zwischen Wohnen und Arbeiten nicht so eine strenge Unterscheidung macht, und auch das Museum ist der Ausdruck eines Interesses am gesamten Einrichtungsbereich, den wir als Hersteller allerdings nur zum Teil abdecken können. Bezogen auf die Unternehmensziele heißt das: Ideal ist für uns ein Produkt, das hin- und herwandern kann. Ein Alu Chair von Eames zum Beispiel war ursprünglich für den Wohnbereich, nicht für das Konferenzzimmer gedacht. Das ist eine gute Sache, wenn ein Produkt nicht diese Eindeutigkeit hat. Die starke Expansion kam aber über den Büro- und Objektbereich. Der ist durch eine rein funktionalistische Sichtweise sehr eng und konformistisch. Mein Interesse war immer, in diesen Bereich eine weitere Vorstellung davon einzubringen, was Büro auch sein kann. Die Stühle, die wir mit Bellini entwickelt haben, sind funktionstüchtige Bürostühle, aber sie haben einen Hauch von einer anderen Welt, der Wohnwelt, aufgenommen. Ich denke, das Büro wird seine Inspiration vom Wohnen beziehen müssen, weil es ihm in 100 Jahren nicht gelungen ist, eine eigene Sprache zu entwickeln. Den üblichen Bürostil kann man einfach nicht als Sprache bezeichnen. Also sind diese Anstöße von anderen Bereichen auch für den engen Bereich, mit dem wir uns beschäftigen, sehr wichtig. Mit der Vitra Edition haben wir 1987 begonnen. Da war am Anfang der Wunsch nach Befreiung aus dieser rein büromäßigen, genormten, durch viele Zwänge verengten Auffassung der eigenen Arbeit.

Vitra Edition - Teodora von Ettore Sottsass; Foto: Vitra

Auch weil der Markt ja sehr eingefahren ist auf ein bestimmtes Bild, wie Büromöbel auszusehen haben.

Ganz genau. Das ist gegenseitig: Einerseits bestätigt man dieses Bild, indem man nichts anderes produziert, andererseits können sich die Leute auch nichts anderes vorstellen. Das Motiv war damals, aus dieser immer gleichen Vorgehensweise auszubrechen und andere Designer kennenzulernen - über den Prozeß der gemeinsamen Arbeit, nicht vom Hallo sagen oder durch die Zeitschriften. Natürlich auch zu sehen, mit wem man weiterarbeiten kann. Rückblickend hatten wir damit großes Glück, weil starke Objekte herausgekommen sind, die für das Design der 80er Jahre eine Bedeutung bekommen haben, und weil wir mit mehreren Designern jetzt weiterarbeiten an Dingen, die mehr in unser Mainstreamprogramm integriert werden können.

Kann man sagen, daß die Edition so eine Art Labor ist?

Ja, ich habe es damals als eine Art Forschungsmöglichkeit empfunden. Unsere Forschung ist ja eine andere als in der Pharma- oder der Automobilindustrie. Wir fragen nach Bildern, Inhalten, Erinnerungen, Spiegelungen der Zeit. Wir wollen sensibel sein für soziale Veränderungen. Zum Beispiel für die neue Arbeitsethik: Aus der Verweigerung ist heute eine Art Arbeitsethik entstanden, die lautet: ,,Leistung ja, aber die Bedingungen müssen so sein, daß man sie gerne bringt." Wenn man dafür keine Sensibilität entwickelt, wird man immer nur reaktionäre Bestätigungsgeschichten von Werten machen, die gar nicht mehr relevant sind. Natürlich kann die Einrichtung Bewußtsein nicht total verändern, aber wenn eine Bewußtseinsveränderung im Gange ist, kann die Einrichtung sie fördern und beschleunigen. So ist die Edition wirklich ein Labor für uns gewesen.

Als wir eben durch das Museum gingen, haben wir über die Ausstellung der Stahlrohrmöbel gesprochen. Deren Entste-

hung ist ja sehr behaftet mit dem Etikett ,,Avantgarde'' der 20er Jahre. Die Sachen, die heute in Ihrer Edition auftauchen, haben dieses Etikett auch abbekommen. Ist das eine reine Mediengeschichte? Was hat das mit Avantgarde zu tun?

Ich glaube, der Avantgardebegriff funktioniert nur in Zeiten, wo es klare Fronten gibt. Da ist die Welt, die zu bekämpfen ist und da ist die kleine Gruppe mit neuen Ansichten. Die Mehrheit ist nicht bereit, diese Avantgarde zu akzeptieren, und es ergibt sich für beide Teile eine spannende und schmerzhafte Konfrontation. Aber die gibt ja dem Avantgardisten auch ein ungeheures Gefühl von Sendung und somit wieder Kraft. Diese Eindeutigkeit gehört zu dem Begriff der Avantgarde. Und heute, in einer pluralistischen Welt mit einer unerhörten Toleranz, sich mit neuen Dingen auseinanderzusetzen, mit der Gier der Medien, neue Dinge zu zeigen und zu propagieren, hat dieser Begriff keinen Sinn mehr.

Gut, aber was heißt es denn heute, wenn ein Unternehmen wie Ihres innerhalb der europäischen Industrielandschaft eine komplett andere Position einnimmt?

Es heißt, Zeitgenosse zu sein. Es wäre fatal, wenn ich sagen müßte: ,,Hier ist unsere Avantgarde-Abteilung. Wenn Sie über Avantgarde sprechen wollen, wenden Sie sich bitte an Herrn Soundso.'' Keine Sekunde denke ich, jetzt mache ich etwas Kulturelles und dann erledige ich meine Tagesarbeit. Mich interessiert das ständige Durchdringen dieser Überlegungen.

Nach außen hin kann der Eindruck schon entstehen, z.B. wenn Sie eine Maschine von Ron Arad aufstellen, die Stühle zerstört. Dann ist natürlich der Bogen zu der eigentlichen Arbeit schwer zu schlagen.

Die Maschine kann alles zerstören. Es gehört zu unserer Denkweise, vieles zu machen und nicht bei allem und jedem zu

überlegen, ist das konsistent, paßt es zu der anderen Äußerung, wie wirkt es eigentlich nach außen? Die ganze konsistente Corporate Identity-Vorstellung kommt mir wie ein Gefängnis vor. Wenn Sie unsere Architektur anschauen, steht da Grimshaw, daneben Gehry, jetzt kommt hier was von Ando davor, auf die andere Seite kommt von Zaha Hadid das Feuerwehrhaus. Nicht weil ich denke, jetzt machen wir hier eine Architektursammlung, sondern ich finde, das wird eine lebendige, urbane industrielle Gegend, wenn Unterschiedliches aufeinandertrifft. Deswegen machen wir Dinge, die man widersprüchlich finden kann. Und die Maschine ist hier parkiert, weil Ron Arad mich eines Tages anrief und sagte, das Centre Pompidou stelle sich so saublöd an mit dieser Maschine und ich ihm antwortete: „Du, wir holen sie morgen ab und stellen sie hier auf's Gelände." Damit war das gelöst. Sie gehört ihm. Ich habe nicht überlegt, was das speziell für das Gesicht unseres Unternehmens bedeutet.

Der Widerspruch ist sicher ganz anregend.

Ich finde ein Klima gut, in dem immer wieder Fragen auftauchen. Die Architektur, die Maschine, das Museum, die Edition sind Faktoren, die dieses Klima beeinflussen. Wir versuchen auch, als Unternehmen im Umgang mit der Umwelt bewußter zu werden. Wir haben hier Leute, die sehr stark ökologisch orientiert sind. Andere haben ihre stärkste Neigung zu Dingen, die mehr im Formalen oder im Technischen liegen. Das durchdringt sich hoffentlich.

Also auch ein sozialer Aspekt: Zu sagen, man möchte in seinem Unternehmen kontroverse Positionen und die auch nach außen zu dokumentieren, schafft ja ein bestimmtes Klima.

Ja, das ist unser Ziel. Eine Liberalität, eine antiautoritäre Grundhaltung. Das kann man nicht predigen, man kann es nur durch Aktionen in Gang setzen. Man kann nicht sagen, laßt uns jetzt mal alle liberal und diskussionsfähig sein. Aber man

Vitra Edition - Shizo von Ron Arad; Foto: Vitra

kann ein Klima schaffen, wo einer sagt: ,,Verdammt nochmal, warum verwenden wir so viel Energie für etwas, was wir zehn-mal im Jahr produzieren, gleichzeitig haben wir hier Liefer-zeitprobleme, das geht doch nicht!'' So fangen Diskussionen an.

Ich habe manchmal den Eindruck, die Bewegung, die in den 60er Jahren in der Gesellschaft entstanden und in den 70er Jahren wieder abgetaucht ist, wird jetzt plötzlich in veränder-ter Form wirksam.

Es geht nichts verloren, alles taucht in einer anderen Form wieder auf. Eine Gesellschaft ist ja deshalb in ständigem Wan-del, weil es immer Elemente gibt, die etwas in Frage stellen. Nehmen Sie die ganze ökologische Diskussion, die ja ohne die Grünen und ihre radikalen Forderungen nie in dieser Form ins Bewußtsein gelangt wäre. Heute können Sie in keine Vor-standsebene mehr gehen, ohne daß auch über diese Dinge ge-sprochen wird. Allenfalls darin sehe ich eine Nähe zur Avant-garde, daß neue Dinge zunächst sehr agressiv vorgetragen werden müssen und später selbstverständlich werden - wenn sie nicht einfach rückwärts gewandt sind.

Ich danke Ihnen für dieses Gespräch.

Alltag

Die Alltagskommunikation hat viele Ausdrucksmöglich-keiten, manche erkennt man, andere nicht, denn sie werden durch die Form der ihr dienenden Objekte verschlüsselt. Politische Konstellationen schaffen Hierarchien, in denen über die Bedeutung und den ästhetischen Wert dieser Gegenstände entschieden wird. So ziehen sich ideelle Grenzen durch unsere Gesellschaften. Dies wird im Geiste einer bürgerlich humanistischen Tradition, auf religiöse, auf vermeintlich wissenschaftliche Weise oder sonstwie legitimiert, und läßt doch nicht den Oberflächennebel verschwinden, der die Objekte in unserer Welt umgibt, denn diese Grenzen sind manchmal sehr subtil, und ihre Entschlüsselung führt zu widersprüchlichen Ergebnissen.

Es sind meist Ideologien, die uns mit Erklärungen und Handlungsanweisungen helfen wollen, einen Standpunkt einzunehmen, aber sie können doch nur Teilbereiche ausleuchten, auch wenn sie uns weismachen wollen, daß der von ihnen eingeschlagene Weg ein vernünftiger und zukunftsträchtiger Kompromiß sei. Aber seine Wirklichkeit zeigt uns, daß er nicht die Toleranz mit sich bringt, die ein gutgläubiger demokratischer Geist sich erträumt. Wenn eine Gesellschaft anfängt, arrogant auszugrenzen, vergißt sie entweder, daß es sich bei dem Konsens, den sie gefunden hat, nur um einen Ausschnitt ihres gemeinsamen Ganzen und ihrer Geschichte handelt, oder sie ist dabei, ästhetisch und moralisch zu erpressen.

Dies mag vielleicht etwas zu allgemein gedacht sein und zu vergessen, daß die Weltgemeinschaften mittlerweile fast einheitlich marktwirtschaftlich, d.h. ,,frei" agieren, aber auch hier manifestieren sich Ideologien, auch hier wird in den Überebenen von ,,richtig und falsch", ,,echt und unecht", ,,fortschrittlich", oder ,,zeitgemäß" usw. gesprochen. Und dies sind die Ebenen, in denen wir als Designer heute arbeiten. - falls wir überhaupt vorhaben, am gesamten gesellschaftlichen Leben zu partizipieren.

Wer glaubt, daß ,,der Markt" in dieser Interaktion das heilsame Korrektiv ist und uns beweist, ob unsere Überlegungen richtig waren, soll in Supermärkte gehen und schauen, was die

Verkaufsregale füllt. Hier wird offenbar, daß auch Ästhetik nicht planbar ist, daß all die guten Vorsätze, Manifeste und schlauen Richtlinien nur ein Hohngelächter ernten. Die Warenwelt entwickelt sich wild und ist nur in Teilbereichen beherrschbar - und das ist gut so!

Wenn wir das Design als einen demokratischen Beitrag auffassen wollen, müssen wir uns dieser Realität stellen und lernen, den sogenannten „schlechten Geschmack" der Massen zu verstehen, denn er repräsentiert letztlich den wahren Stand unserer kulturellen Entwicklung. Dies soll nun beileibe nicht einen Abgesang auf eine positive Entwicklungsfähigkeit bedeuten, aber man muß begreifen, daß nicht zwingend alles schlecht ist, was so aussieht. Man kann seine Fragen auch anders stellen: Was sind die Ursachen, die Wünsche und Sehnsüchte, die hinter diesen Objekten stehen? Halten sie diesen Anforderungen stand? Wie lassen sie sich verantwortungsbewußt weiterführen?

Müssen wir ständig neue Formen erfinden, oder sollten wir sie raffinierter und ökonomisch/ ökologisch sinnvoller gestalten? Kann unser Design zum Ausdruck seines unmittelbaren kulturellen Umfeldes werden? Wie sieht ein utilistisches Produkt aus? Nicht nur was die Ökonomie und das Marketing betreffen, es gehört mehr dazu! Es geht auch darum, dem unbewußten Formenrepertoire auf die Spur zu kommen, welches sich in unseren Köpfen eingenistet hat, egal ob wir Architekt, Designer oder der Milchmann sind. Dies zu verstehen und gestalterisch zu verarbeiten scheint mir heute im Design die wahre Pionierarbeit zu sein.

A.B.

Axel Kufus - Stuhl Stöck, 1991; Birkensperrholz, Linoleum, Buche, Produzent: Atoll-Kassel; Foto: Hans Hansen

Axel Kufus
MATERIAL UND ARBEIT

Andreas Brandolini: Wenn ich deine Arbeit der letzten Jahre sehe, und höre, was du dazu sagst, scheint es sehr an klassische deutsche Design-Prinzipien zu erinnern. Wenn's um Optimierung von Fertigungsprozessen oder um Materialtreue und so etwas geht. Siehst du dich in dieser Tradition?

Axel Kufus: Es gibt zwei Traditionen, mit denen ich gezwungenermaßen konfrontiert werde. Einmal jene, die du ansprichst, und dann noch die Tradition des Handwerks, weil ich ja für die Fertigungsprozesse auch selbst verantwortlich bin, eben auf handwerklicher Ebene.

Gezwungenermaßen, weil du alle deine Produkte selbst herstellst?

Ja, bisher habe ich alle Dinge so entworfen, daß ich sie selbst herstellen kann. Dadurch bin ich in der Situation, alle Dinge von Anfang bis Ende durchplanen zu müssen.
Wenn ich an die Tradition des klassischen Kunstgewerbes denke, gibt es da ja auch Sachen, die wesentlich emotionaler, expressiver oder dekorativer sind.

Das hat sich ja mit der Zeit entwickelt. Ich denke, die ersten Entwürfe, die ich für serielle Sachen gemacht habe ...

Geht es dir immer um die Serie?

In dieser Arbeitsphase, die ich auf die letzten vier Jahre beschränken würde, ja. Am Anfang war der Gedanke, erschwingliche Teile zu bauen, weil ich fand, daß es zu wenige Dinge gibt, die ohne großen Aufwand und trotzdem interessant gemacht und haltbar hergestellt sind. Wenn ich mich schon auf einfache Dinge einlasse, sollte auch der Preis einfach sein. Das hat zu einer starken Reduzierung und Disziplinierung geführt, so daß eine Perfektion in meine Arbeit gekommen ist, unter deren Stern ich gar nicht angetreten bin. Oft erschaudere ich vor zuviel Perfektion. Ich versuche eher, aus der Improvisation heraus Kniffe zu entwickeln, die sich wiederum standardisieren lassen, wie eine Verbindung so herzustellen, daß sie durch einen einfachen Sägeschnitt entsteht. So etwas ist aber aus einer unkonventionellen Herangehensweise an das Material entstanden.

Und wie ist die Herangehensweise entstanden?

Indem ich nicht daran interessiert war, Kunsthandwerk zu machen. Wenn ich mich mit Design auseinandersetze, bedeutet das für mich, Dinge zu entwickeln, die vervielfältigbar sind.

In der Hinsicht bist du dann schon zumindest aus deutscher Sicht in der Tradition des Industriedesigns, das ja dort ansetzt, wo Gegenstände vervielfältigt werden.

Ja, das stimmt.

Dadurch unterscheidet sich hier der Designer vom Kunsthandwerker. Du hast ja auch in einer Zeit angefangen, dich mit Design zu beschäftigen, in der sich der Begriff des Industriedesigners oder überhaupt des Design veränderte.

In dieser Zeit haben sich viele Leute selbständig gemacht, die selbst entwerfen und bauen wollten, in kleinen Margen ohne große Apparate. Das war bei mir alles in einer Hand. Da ich mich mit den Fertigungsschritten auskenne, konnte ich für diese Fertigung entwerfen. Ich wußte also, wie's geht. Das ist einerseits Gefängnis, andererseits Möglichkeit.

Vielleicht kannst du noch einmal erzählen, wie du dahin gekommen bist, Design zu machen.

Ich habe Tischler gelernt und bin dann mit einer Gruppe von Bildhauern auf's Land, in eine Werkstatt. Beim Bronzegießen sind die erstem seriellem Teile entstanden, z.B. Verbindungspunkte zwischen Holz und Metall, mit denen man Konstruktionen aufbauen konnte. Nach meiner Meisterprüfung im Tischlerhandwerk wollte ich Abstand haben von diesen durchgeplanten Handlungen und habe mit einer Bildhauerin, Ulrike Holthöfer, zusammen zwei, drei Jahre lang spontan Möbel gebaut, hauptsächlich mit gefundenen Sachen. Wir wurden inspiriert von Dingen, die auf dem Wege lagen und die wir zu Gegenständen und Objekten verbunden haben. Später sind wir dann bekannt geworden, weil es in Deutschland viele Leute gab, die in so eine Richtung gearbeitet haben. Auch wir sollten kommerziell verwertet werden, aber sie noch einmal zu bauen wäre Lüge an diesen Teilen gewesen. Das Spontane stand im Vordergrund und war nicht wiederholbar. Danach habe ich wieder Interesse gefunden am Tüfteln und Erfinden von kleinen, begrenzten Systematiken. Jetzt bin ich beteiligt an der Crelle-Werkstatt in Berlin und setze die Maschinen und Materialien so ein, daß mit wenigen Handgriffen Möbel entstehen. Als ich 1986 damit anfing, habe ich mir die Frage gestellt, was für einen Tisch baut man heute, mitten in Berlin, wo es kein Holz gibt, wo man eher Halbzeuge bekommt? Man kann nicht mehr Stollen hobeln, Schlitze stemmen und Zapfen schneiden, sondern muß zu anderen Möglichkeiten kommen, sonst ist es unbezahlbar, sonst muß man wieder in die Massenproduktion gehen. Wie kann man also mit den Mölichkeiten einer einfachen Werkstatt trotzdem Möbel bauen, die verkäuflich sind?

So eine Herangehensweise könnte man ja - im Gegensatz zu den hochkomplexen technologischen Produkten unserer Industriegesellschaft - als Low-Tech bezeichnen. Auf der einen Seite ist es ein individuelles Lebenskonzept, wie du mit niederkomplexen technologischen und technischen Systemen als Möbelentwerfer und -produzent tätig werden kannst, aber siehst du darin auch eine politische Dimension, die über deine eigene Persönlichkeit und Entwicklung hinausgeht?

Ja. Einmal schaffe ich für mich und die Mitarbeiter, die da sind, eine selbstbestimmte Arbeit. Was ich entwerfe, baue ich auch. Zum anderen zeigt es, daß man als kleiner Handwerksbetrieb auch ohne riesige, numerisch gesteuerte Apparate nur mit intelligent ausgeklügelten Konstruktionen und Fertigungstechniken, mit Standardmaschinen, in der Lage sein kann, seriell Möbel zu bauen. Der konventionelle Tisch ist, vom Schreiner gebaut, unbezahlbar - man kann ihn nur von der Stange kaufen. Ich habe versucht, es mit kleineren Strukturen und Stückzahlen trotzdem zu schaffen. Das ist vielleicht die politische Dimension. Natürlich wird es doch wieder exklusiv, sobald viele Leute daran verdienen.

Wenn man sagt, daß das Handwerk eine Position zurückgewinnen kann, die es mal hatte, ist ja auch etwas nostalgisches dabei, könnte man boshaft sagen. Man kann es aber auch anders sehen. Wenn man über den Berliner Rahmen rausguckt, auf den deutschen, den europäischen, den Weltrahmen, dann kann man ja eine Krise der Massenproduktion feststellen. So gesehen handelst du politisch.

Die Krise entsteht nicht nur durch die Produktion immer abstruserer Stückzahlen, sondern vor allem durch die Struktur der Arbeit. Die Leute in den Industriebetrieben sind immer total abhängig von den Strukturen dort. Die sind in einem Handwerksbetrieb wesentlich flexibler und die Leute können mitbestimmen, was sie als nächstes tun, die Jahre sind nicht vorprogrammiert, sie sind gestaltbar. Es sind solche Dinge an meiner Arbeit, auf die ich hinweisen möchte, weniger die formalen Gesichtspunkte. Ich denke, das Industriedesign steckt heute hauptsächlich in einer formalen Arbeit fest, in der Gestaltung irgenwelcher Hüllen, in der Weckung von Bedürfnissen, High-Tech oder Low-Tech oder was immer.

Es gibt Leute, die sagen, daß Design sehr stark Kommunikation geworden ist, daß unsere Welt aus Kommunikation besteht und der Wert der Dinge in ihrem kommunikativen Cha-

rakter liegt, daß es nicht mehr das Material, nicht mehr das Objekt selbst ist, sondern wie es kommuniziert.

Aber wenn alle denken, nur die Informationen sind wichtig und für die Gegenstände sorgen die Großkonzerne mit ihrer Massenproduktion, finde ich das gefährlich. Wir brauchen die Gegenstände und es haben doch auch alle viel mehr Dinge, als jemals zuvor. Man sieht es auch beim Neuen Deutschen De- sign: Nur sehr wenige haben es geschafft oder versuchen über- haupt - vielleicht ist es auch gar nicht in ihrem Interesse - die neuen Formen oder Ideen so weit auszuentwickeln, daß sie in einen Kontakt mit der Realität treten. Der Kontakt besteht eben hauptsächlich in der Information. Sie werden abgebildet, sind in der Diskussion, geben Trends an und, was sehr wichtig ist, die Industrie orientiert sich an ihnen. Aber die realisieren dann auch, die produzieren die Großserie mit ihrer Produk- tionsmaschinerie. Die Strukturen ändern sich dadurch nicht, das finde ich so schade.

Jetzt hast du einen Sprung gemacht von deinem Herangehen an den Entwurf in der Werkstatt über den kommunikativen Charakter der Objekte hin zu den Formen. Da würde mich interessieren, inwieweit du in einen allgemeinen Prozeß der Entwicklung von Formen und Kommunikation eingebunden bist, von dem du dich vielleicht nicht beeinflußt, aber animiert siehst, oder wie du deine Verbindungen dazu siehst?

Ein Beispiel: Wenn ich das Regal sehe, so ist das nicht meine Handschrift, es ist die möglichst einfachste Konstruktion, Bö- den und Seiten zu einem Raster zu verbinden, ohne tausend- mal schrauben oder dübeln zu müssen. Wenn man darüber nachdenkt, kommt man fast gesetzmäßig zu dieser Lösung. Das könnte ich jetzt auch auf andere Möbel beziehen: Die Idee einer Konstruktion ergibt fast das Bild des Möbels. Es entsteht bei mir nicht als Ansicht, sondern erst entsteht die Eckverbin- dung. Natürlich bin ich auch in der Lage, es formal zu beein- flussen. Warum mache ich bei dem Tisch die Beine schräg und nicht gerade? Das ist die Tradition bei den Schreinern, die die Stollen auch schräg innen abhobeln. Sicher bin ich beeinflußt von diesen traditionellen Formen.

Dieses Phänomen taucht immer wieder auf, zumindest in den letzten 200 Jahren: Bestimmte Lösungen, die über ihre handwerkliche Herangehensweise hinaus etwas Expressives haben. In dieser Zeit, seit Anfang der 80er Jahre, gibt es hier in Deutschland einen Schub, es werden wieder expressivere Sachen hergestellt, es wird wieder nach mehr emotionalen Gehalten gefragt. Da sehe ich deine Sachen mit drin. Material und wie man es bearbeitet hat ja auch eine Dimension. Und wenn ich das Regal mal ohne Material sehe, dann ist das ja etwas, was in sich bestimmte Zeichen der Zeit trägt, es gibt quadratische Felder. Viele Regalsysteme haben diese Zeichenhaftigkeit in sich, trotzdem verwendest du andere Materialien. Auf der einen Seite ist es die Low-Tech Verbindung, auf der anderen das Material und da unterscheidet es sich ja sehr stark.

Wenn ich mich festlege auf die formalen Sachen, wie die Rastergröße, versuche ich immer zu sagen, warum das so ist. Ich grenze mich ab von dem aus dem Bauch heraus arbeiten, also die Emotionen in ein Möbel hineinprojizieren, das dann diese Emotionen wiedergeben soll. Im Moment gibt es bei mir eine Unterwerfung unter die augenscheinlichen Gesetzmäßigkeiten der Konstruktion und des Materials.

Das entspricht ja auch nicht dem Raster, ein Raster darf keine Lust haben.

Das Raster sorgt hier dafür, daß die Bücher nicht umfallen, auch wenn man drei herausnimmt. Anderes Beispiel der Tisch: Diese weiße Linie drumherum. Normalerweise würde man denken, es ist eine aufwendige Furnierarbeit, ein Dekor. Sie ist aber aus der Notwendigkeit entstanden, die Kante abzufassen. Als ich den Tisch das erste Mal gebaut habe und die

Axel Kufus - Regal-System FNP, 1989; Produzent: Nils Holger Moormann; Foto: Stefan Maria Rother

Kanten abgefaßt habe, bin ich wirklich erschrocken, daß da die weiße Linie zum Vorschein kam, von der habe ich nichts geahnt. Dann habe ich mich darüber wahnsinnig gefreut, weil die Linie auf eine tolle Art und Weise die Kanten des Tisches beschreibt, ganz einfach hergestellt wird und sogar eine Notwendigkeit ist.

Eine Frage, die ich in allen Gesprächen stelle: Existiert der Begriff Avantgarde für dich im Zusammenhang mit deiner Arbeit?

Für mich ist Avantgarde etwas übergreifendes, was sich nicht nur auf eine Disziplin, Design, eine Naturwissenschaft, Kunst, beschränkt. Das sehe ich bei der sogenannten Design-Avantgarde nicht.

Was heißt sogenannte? Was die Hochglanzmagazine so bezeichnen?

Genau. Ich denke, es reicht überhaupt nicht aus, etwas Avantgarde zu nennen, das lediglich neue Formen kreiert, sondern dazu gehört ein Arbeits- und Lebensmodell, das zwangsläufig mit neuen Formen verbunden ist. Ich glaube nicht, daß sozusagen aus den Formen heraus eine Avantgarde entsteht. Was von heute auf morgen entsteht sind die Differenzierungen der verschiedenen Moden, die Zack auf Zack kommen. Aber ich glaube schon, daß da etwas anderes im Entstehen begriffen ist. Ich merke es an den vielen Leuten, die auf der Suche danach sind. Durch dieses unbedingte Suchen entsteht womöglich die nächste Avantgarde. Daran kann man sich noch nicht orientieren, aber man spürt, es ist etwas im Gange.

Das ist ja sehr positiv.

Finde ich auch.

Jasper Morrison
DIE BEDEUTUNGSLOSIGKEIT DER FORM

Auf der einen Seite wird der Designer oft als Formgeber für die Industrie gesehen, deren technologische Erfahrung die Produktion sichert. Wie so oft, verhält es sich nicht so einfach, und es gibt keine Formel, wie sie im Schulbuch steht, um ein bestimmtes Problem zu lösen. Die Lösungen werden immer wieder auf unerwartete Weise erzielt. Mal werden Formen durch eine strenge und genaue Analyse, mal werden sie - viel befriedigender - durch Intuition und Zufall gefunden. Die Wahrscheinlichkeit, auf diesen beiden doch recht unzuverlässigen Wegen, zu einer Form zu kommen, widerspricht der eigentlichen Intention, ist ein Widerspruch in sich selbst. Tatsache ist, daß die physische äußere Erscheinung eines Gegenstandes für die meisten Menschen das Wichtigste ist, aber vielleicht wird dem viel zu viel Bedeutung beigemessen. Wenn wir an eine Form ohne Bedeutung denken, entwickeln wir eine höhere Sensibilität für ganz andere Qualitäten, die ein Gegenstand besitzen könnte. Ein Design, das ganz andere Aspekte neben dem einfachen Make-up berücksichtigt, ist da ein Schritt in die richtige Richtung. Wenn wir Design als eine Gleichung sehen, mehr von den Objekten zu bekommen, dann ist klar, daß eine Annäherung, die auf einer völlig grundlosen Neuerung der Form basiert, nicht ausreicht. Wenn wir also die Frage nach der Form völlig ignorieren, kommen wir noch weiter. Die formale Erscheinung eines Gegenstandes muß nicht das Ergebnis stundenlanger, sorgfältiger Analyse sein oder ein Papierstapel voller Zeichnungen. Es kann die sichtbare Konsequenz einer Idee sein, eines Prozesses, des Materials, der Funktion oder des Gefühls. Dann könnte das Objekt in ein Horrorversion oder einfach als gestohlener Gegenstand wieder auftauchen. Solange das Ergebnis etwas nie dagewesenes darstellt, kann es auch keinen moralischen Einwand geben. Das Besetzen von Alltagsgegenständen hat tatsächlich zwei

Wirkungen: Es verhindert eine rein ökonomische Herangehensweise und zeigt die augenscheinliche Schönheit des Alltags. So gesehen ist der Designer kein richtiger Formgeber, er
kann es sein, aber nicht nur. Und je weniger er sich als Schöp-
fer neuer Formen sieht, desto besser ist das für uns alle.

Jasper Morrison - Bottle rack, 1994; Produktion: Magis Srl.

James Irvine
„ ? "

Oft denke ich, daß es am wichtigsten für eine gute Arbeit ist, daß man sich vorstellt, selbst mit den Dingen zu leben, die man macht. Es amüsiert mich, daß in den letzten Jahren das sogenannte propositive Design so viele nutzlose Dinge hervorgebracht hat. Und dann hat man diese Sachen auch noch als Design gepriesen. Diese Gegenstände wurden gierig als Bilder aufgesogen. Aber es sind kaum Produkte, die für den Verkauf taugen und mit denen man immer leben könnte. Das sind nicht mehr als Experimente und wir sollten das erkennen und beachten. Parallel zu diesem Phänomen haben die großen Industrien die technischen Aspekte der Produktion geradezu verschlimmert, um immer mehr verkaufbare Produkte herzustellen. Man kann beobachten, da diese Marketing-Spirale immer mehr Stereotypen hervorgebracht hat. Es ist schwer, da wieder herauszukommen. Große Investitionen verhindern oft die Freiheit einer Analyse, wie Produkte sein sollten. Das geschieht aus Angst davor, die bekannte und gewohnte Verkaufbarkeit könnte darunter leiden, wenn man vom stereotypen Muster abweicht. So ist die Industrie bei ihrer Suche nach neuen Vorschlägen sehr nachgiebig gegenüber den Stereotypen, überladen mit falscher Technologie, voller Erfindungsgabe und Kunst, und noch versetzt mit einer verzweifelten Forschung mit Scheuklappen. Vielleicht treten wir gerade wieder in eine Phase ein, die ein neues Gleichgewicht bringt. Kleinere Industrien kommen mit vermarktbaren guten Produkten auf den Markt. Oft sind diese kleineren Hersteller gezwungen, auf frühere Technologien zurückzugreifen, weil es eine höhere Investition nicht geben darf. Sie nehmen sich einfachere Dinge vor, von denen manchmal behauptet wird, sie seien rückschrittlich. Damit reagieren sie aber mehr auf den Wunsch nach einer besseren Welt, als es die großen Industrien immer versuchen. Eine Realität, die fragt: Möchtest du auf einer Maschine oder einfach auf einem Stuhl sitzen? Eine Realität, die

129

längst Vergessenes wieder aufnimmt. Matrialien, die nichtsdestoweniger unglaublich schön sind. Eine Realität, die den
Wunsch der Leute nach Vielfalt berücksichtigt. Vielleicht ist
auch ein gewisser Ekletizismus die treibende Kraft hinter dieser Bewegung. Ein Eklektizismus, der Objekte hervorbringt,
die niemals ihre Funktion leugnen und vielleicht auch noch
weitere andeuten. Objekte, die nicht durch Technologie imponieren wollen, sondern denen eine ganz normale Technik innewohnt, mit der die gewünschte Absicht erreicht werden soll.
Objekte für dich und mich, und nicht exklusiv für mich und
nicht den anderen, oder nur für sie und nicht für uns.

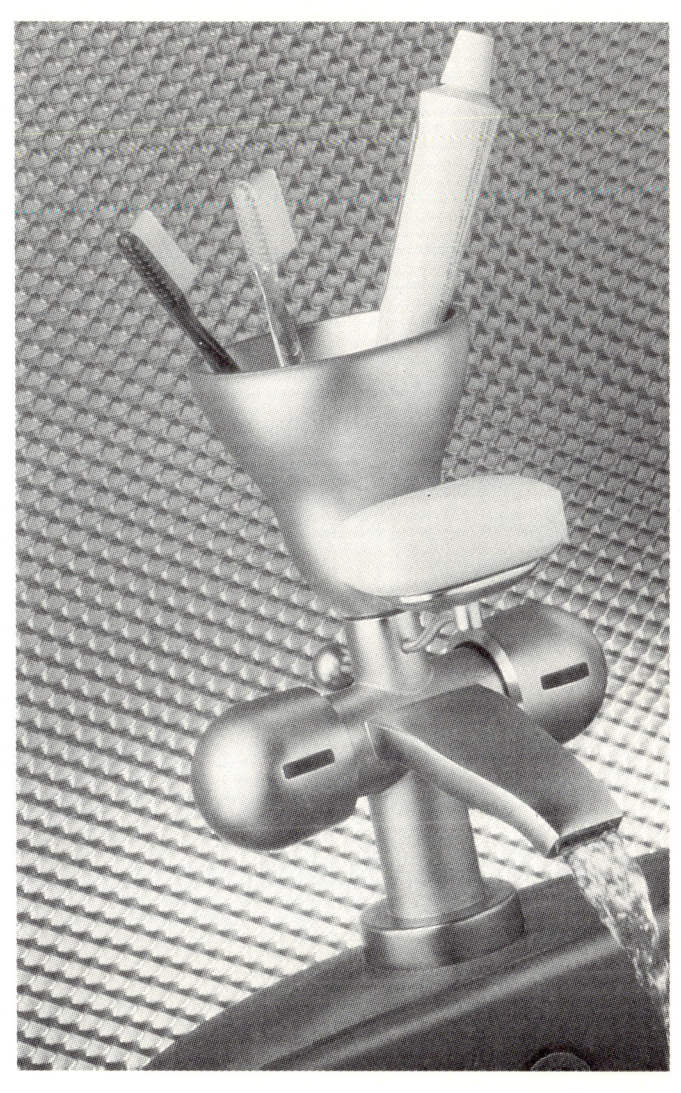

James Irvine - Tap with a vase, Fratelli Fantini 1990;
Foto: Marco Pirovano

Andreas Brandolini - Wohnzimmer, documenta 8, 1987;
Foto: Eva Maria Ocherbauer

Andreas Brandolini
WÖRTERBUCH

Daniel Funke: Bist du ein Avantgarde-Designer?

Andreas Brandolini: Nee.

Warst du mal einer?

Ich habe wohl einmal gedacht, ich wäre einer. Das war als ich angefangen habe, mein eigenes Design zu machen. An sich hatte ich damals, mit meinen Ideen und Gedanken, keine Arbeitsmöglichkeiten. Da habe ich mir andere Wege gesucht. Zu der Zeit war das Design noch sehr von Ideologien aus den 60er und 70er Jahren diktiert, die sich auf den Funktionalismus beriefen, also zurückgehen auf die Hochschule für Gestaltung in Ulm und das Bauhaus.

Was für Ideen und Gedanken?

Alles was zu dem Zeitpunkt in Italien passiert war, hat mich sehr beschäftigt: Alchimia, Memphis, oder vorher Radical Design. Ideen, die in Deutschland nie so zum Tragen gekommen sind wie in dort. Auch die Architekturexperimente der 60er und 70er Jahre von Superstudio, Haus-Rucker-Co, Archigram etc., ich habe ja Architektur studiert. Zusammen mit anderen Leuten haben wir deswegen Strukturen aufgebaut, in denen wir die Dinge, die wir entworfen haben, auch selber produzieren konnten. Eine Menge Handwerkskollektive sind entstanden und auch wir haben damals ein Kollektiv gegründet: Aus Handwerkern und Entwerfern, in erster Linie Architekten. Wir wollten eine andere Form von Arbeit realisieren, wollten autonom sein, ganz bewußt nicht die gängigen gesellschaftlichen Konventionen eingehen. Das war sehr spannend und wir haben damit auch in Berlin etwas mit in Gang gesetzt.

Und wie kommt es, daß du den Avantgarde-Begriff heute quasi ablehnst?

Was heißt ablehnen? Ich kann ihn nicht klar fassen. Avantgarde ist für mich immer mit einer politischen Bewegung verbunden. Und die gibt es im Moment nicht. Ich meine eine politische Bewegung, die, im weitesten Sinne, Schranken brechen will und z.B. mehr gesellschaftliche Freiheit, oder Gerechtigkeit fordert. Aber zumindest hier in Berlin gab's das noch, Ende der 70er, Anfang der 80er Jahre.

Ist das denn, wenn du von Autonomie sprichst, eine normale Entwicklung, daß sich die große Bewegung ja im Grunde genommen verlaufen hat und nur noch einzelne Autonome übrig sind? Ist es das, was ihr euch am Anfang vorgestellt habt?

Der Autonomiegedanke ist ja aus der Erkenntnis heraus entstanden, daß die großen politischen Bewegungen immer wieder restriktiv enden. Das hast du, gerade in Berlin, durch einen einfachen Blick über die Mauer gut sehen können. Insofern war das nicht die Verflüchtigung einer politischen Bewegung, sondern sie hat eine andere Richtung bekommen. Das ganze hatte ja seinen Ursprung in der 68er Revolte, die sich wiederum in der Tradition der Kommunistischen und Sozialistischen Parteien verstand.

Siehst du denn deine Ursprünge auch in all diesen Bewegungen, die du aufzählst? Wie weit bist du davon mit beeinflußt?

Ganz bestimmt hat mich das am Anfang sehr beeinflußt. Als Schüler, zum Beispiel, habe ich mich politisch engagiert und die verschiedensten Gruppierungen ausprobiert. Ich war aber nie richtig glücklich, bin auch manchmal wieder rausgeschmissen worden, oder nicht mehr hingegangen. Ich war schwer integrierbar, weil mir ziemlich schnell klar geworden ist, daß es immer auf totalitäre Gedanken hinausläuft und dann wollte ich nicht mehr. Aber diese ganz praktischen und einem selber so nahen Autonomiegeschichten waren für mich eine wirkliche Alternative zu den großflächigen politischen Bewegungen. Es ist viel effektiver, wenn ich ganz direkt, ganz nah um mich herum etwas verändere und nicht den Anspruch erhebe, die ganze Gesellschaft müßte so oder so sein.

Wie die Avantgarde der 20er Jahre? Aber wenn du jetzt in einer Gruppe, wie z.B. Utilism arbeitest, mit Jasper Morrison und Axel Kufus, erinnert es mich doch sehr an die Ideale der Moderne. Die Ziele sind sehr ähnlich, sie sind nur nicht mehr global.

Wir bauen bestimmt darauf auf.

Ihr arbeitet ja sehr einfach. Beim Fischplatz-Projekt, einer Platzgestaltung in Graz zum Beispiel, habt ihr ja nur die vermeintlich unscheinbaren Dinge etwas verändert, um allen ein bißchen zu helfen.

Das ist unser Ziel. Der Hintergrund ist auch ein ähnlicher wie bei den Sachen, die ich Anfang der 80er Jahre gemacht habe: Ich will nicht die ganze Welt auf einmal ändern, sondern ich nehme einen kleinen Teil daraus und bearbeite ihn positiv.

Eine Beziehung rückwärts Utilism - Functionalism - Modernism liegt da nicht fern.

Nein, das Utilism ist ja auch eine Ironie. Ismen sind immer sehr ideologisch, so als hätte man die Lösung. Und wir haben die ein wenig ironisiert, weil wir wissen, es ist nicht so.

Man kann sich ja auch vornehmen, solche Begriffe zu wandeln, es muß ja nicht immer negativ behaftet bleiben.

Ja, und im Gegensatz zu diesen klassischen Ismen, wie Modernismus oder Funktionalismus, sehen wir die Utilität sehr viel breiter angelegt: Der Lauf der Welt setzt sich aus vielen kleinen Ereignissen zusammen, die alle wichtig sind und einen Einfluß ausüben, den man nicht einfach ignorieren kann. ,,Ismen" tun dies aber in der Regel. Unsere Maßnahmen zur Neugestaltung des Fischplatz in Graz ist ein schönes Beispiel dafür. Dort konnte man sehen, wie sich jahrzehntelang Nutzungsstrukturen übereinander gelegt und dazu geführt haben, daß die Menschen den Platz jetzt nicht mehr ,,schön" finden. Einfach weil sie ihn nicht mehr als ,,ordentlich", ,,sauber" etc. empfinden und eine große gestalterische Geste vermissen. Aber gerade gegen diese großen Gesten wenden wir uns! Es ist doch eine Qualität, diese verschiedenen Zeitraster zu sehen, um sich dann vorzustellen wie sie harmonieren könnten. Dafür muß man natürlich was tun - das ist unser Ansatz. Da akzeptieren wir auch mal ein vordergründig schlechtes Gebäude und sagen nicht: Weg damit!, sondern fragen, ,,Wie könnte es wieder interessant werden?" Vielleicht war es früher einmal wunderschön und kann es wieder werden.

Reihen sich für dich der ,,Regionalismus" und die Forderung nach Identität in die Liste der ignoranten ,,Ismen" auch ein?

Für mich sind es zunächst Theorien, die ihren Beweis bislang noch schuldig bleiben.

Unter anderen arbeitet François Burkhardt ja sehr daran, diese Theorien zu festigen. Wenn man heute die entsprechenden Zeitschriften und Kataloge aufschlägt, findet man immer gleichlautende Texte, auch in diesem Buch ...

Man kann schon regionale Unterschiede sehen. Man beeinflußt sich in einem bestimmten Umfeld ja auch gegenseitig. Dann entstehen formale Analogien, die sich in Details ausdrücken oder in einer grundsätzlichen Behandlung von Material. Da kann man von mir aus sagen, deutsches Design ist immer sehr kopflastig, spanisches spielerisch. Letztendlich arbeitet man aber überall mit dem gleichen historischen Fundus und die formalen Zitate sind die gleichen, auch wenn man es im Mo-

Andreas Brandolini
- Die Hausbar zum selber zusammenbauen,
Multiple für die Galerie Martin Schmitz, 1990

ment selber nicht merkt. Design ist selten grundsätzlich neu. Muß es auch gar nicht sein.

Wie ist es denn mit dir: Tusquets hat dich ja auch gefragt, ob du ein deutscher Designer bist.

Tusquets fand meine Assemblage-Lampen häßlich, aber auch faszinierend, und fragte sich, ob sie typisch deutsch sein könnten. Übrigens ist es ja auch nicht zufällig Tusquets, ein Katalane, der das sagt. Die Katalanen, genauso wie die Italiener oder Franzosen, leben formal sehr in ihrer Zeit und haben es deswegen schwer, etwas zu akzeptieren, das ihrem Sehmuster nicht entspricht. In Italien ist das sogar noch extremer. Alle Männer, die du auf der Straße siehst, sind ähnlich angezogen, alle haben den gleichen Haarschnitt - das finden die gut. Das ist eine Geschichte, die ist im Prinzip überall so, in Italien ist sie nur sehr viel stärker ausgeprägt.

Was ist denn nun mit dem deutschen Designer und der Häßlichkeit?

Grundsätzlich Häßliches gibt's für mich nicht. Es gibt wohl scheußliche Sachen, die ohne das Wissen, woher sie ihre Inspiration beziehen, entstanden sind. Dadurch sind sie häßlich. Aber wenn man den Charme in den Vorbildern entdeckt hat, geht man anders damit um, dann kann man nichts Häßliches mehr machen. Okay, ich glaube schon, daß es speziell in Deutschland eine Tendenz im Design gibt, die sich immer sehr viel grundsätzlicher mit der Geschichte auseinandersetzt und immer sehr viel grundsätzlicher ihr Tun einordnet.

Du auch, oder versuchst du eher, es zu vermeiden?

Die Reflektion an sich finde ich schon gut, in der Hinsicht fühle ich mich auch deutsch. Aber es hat nicht viel mit Regionalismus zu tun, es ist eine Sache, die aus der Geistesgeschichte kommt.

Da brauche ich wahrscheinlich nicht zu fragen, ob du dich auch als Berliner Designer fühlst.

Nein. Ich fühle mich nur in einer Hinsicht als Berliner: Hier gab es bis zur Maueröffnung unheimlich viele Nischen und man konnte sehr viele Erfahrungen machen, die man in einer glatten deutschen Stadt wie München nicht machen kann. Berlin war auf der einen Seite sehr dörflich, auf der anderen sehr polyglott, weil es immer eine Fluchtburg für Querulanten aus der ganzen Welt war. Das ändert sich gerade. Da verliert Berlin an Qualität, und dann gibt es auch kein Berliner Design mehr.

Kannst du dir denn vorstellen, genauso gut woanders zu wohnen und zu arbeiten? Würde es deine Arbeit beeinflußen?

Bestimmt. Man lebt ja nie in einem kulturleeren oder total abstrakten intellektuellen Raum. Die direkte Umgebung beeinflußt sehr. An der grundsätzlichen Einstellung würde sich wohl nichts ändern, aber ich würde andere Dinge machen, mich für andere Sachen interessieren. Ich finde es auch wichtig, viel zu reisen und meine Angeln so weit wie möglich zu schmeißen.

Wie würdest du beschreiben, was du im Moment machst?

Im Moment weite ich mein Betätigungsfeld wieder ein bißchen aus. Damals habe ich mich auf die Realisierung von Objekten gestürzt, weil ich trotz meiner zwei Jobs - in einem Designbüro und einer Architektengemeinschaft - keine Möglichkeit hatte, grundsätzliche, eigene Gedanken zu verwirklichen. Mittlerweile fällt es mir wieder leichter, auf diesen „persönlichen Ausdruck" zu verzichten, ich erwarte von der Gesellschaft nicht, daß ich mich in ihr total „verwirklichen" kann, sondern ich bin auch mit kleineren Interventionen zufrieden. Ich denke nicht, ich muß den großen Wurf landen oder mich in allem wiedererkennen. Ich kann an jedem kleinen

Steinchen und an jeder Ecke meiner Umwelt einen kulturellen Beitrag leisten. Deswegen ist es für mich z.B. sehr befriedigend, auf einem Busbahnhof ein paar Koffer als Bänke zu installieren, auch wenn sich am Pflaster, an der Beleuchtung und dem ganzen Drumherum nichts geändert hat. So arbeite ich im Moment.

Wenn man sich deine Entwicklung mal an Hand deines kleinen Textebuches ,,Der Haken'' betrachtet, fängt sie mit den vielzitierten Eierbechern an und hört auf mit ,,Dem gestalteten Gegenstand als Ergebnis einer assoziativen Empirie''. Wenn du gestaltest und designst, geht es dir ja darum, mit Alltäglichem und für den Alltag zu arbeiten. Die Gegenstände, die du machst, zeigen aber auch, daß man sie leicht selber machen könnte.

Ich bemühe mich um Einfachheit. Meine Entwürfe wollen auch in der Wahrnehmung niederkomplex sein. Bürostühle zum Beispiel sind heutzutage technologisch so komplex, daß man sie visuell nicht mehr verstehen kann. Man erkennt sie zwar noch als Sitzgelegenheit, aber wie das funktioniert was sie mit Raffinesse uns an Bequemlichkeit bieten, bleibt uns verborgen. Wie bei einem Fernseher, oder anderem technischem Gerät.

Das Black-Box Prinzip.

Allerdings. Die Forderung, Objekte visuell auch in ihrer Technik zu erfassen, hat sich zwar durch die Anwendung moderner Technologien überlebt, ich glaube aber, daß es trotzdem immer noch einen Rest an Einfachheit und direkter Kommunikation durch Objekte geben muß. Die Welt würde sich sonst in ein Mysterium verwandeln, das von Hohenpriestern und Schamanen beherrscht wird. Ich meine natürlich Politiker und Technologen. Deswegen beobachte ich auch die Alltagskultur und die Blüten, die sie treibt. Es ist eigentlich sehr banal, womit die Menschen sich umgeben. Und da besteht ein großer

Widerspruch: Eigentlich werden wir dazu erzogen, diese Banalitäten als Kitsch entlarven zu können, abzulehnen. Hier setze ich an, schaue, und entwickle Objekte, die vielleicht vermitteln zwischen dem intellektuellen Anspruch und einer banalen Wirklichkeit. Kitsch entsteht ja oft dadurch, daß man ein sehr ungenaues Bild einer Sehnsucht hat. Woolworth oder diese ganzen Kaufhäuser sind ein gutes Beispiel: Da werden Gegenstände, die Reichtum ausdrücken sollen, billig angeboten. Das ist Kitsch. Der schlechte Kitsch ist aber nur der, bei dem die Macher sich ihr Vorbild nicht genau angeschaut haben. Mit einer vagen Idee, was ein Barockstuhl ist, bauen sie ihn mit heutigen technologischen Mitteln nach. Die Dinge bekommen dann einen Ausdruck, der sehr komisch sein kann, wenn das Bild ungenau ist, der aber gut sein kann, wenn sich die Geschichte mit ihren Bildern und unsere heutige technologische Gesellschaft aufeinander beziehen.

Dann kann auch ganz guter Kitsch dabei herauskommen?

Dann ist es kein Kitsch mehr. Der Designer lebt nicht in einer kleinen Raumkapsel und erfindet neue Objekte, sondern er hat dabei ein dickes Lexikon an Bildern in seinem Kopf, die ihm nicht bewußt sind. Und dieser Schlüssel, das Lexikon zu benutzen, der interessiert mich wahnsinnig, daran arbeite ich.

Wie man an die Bilder rankommt?

Wie ich mir diese Bilder bewußt mache und wie ich sie verarbeite. Ich versuche nicht, es einzugrenzen, wie manche Designer, die eine Handschrift entwickeln wollen und ihre Bilder solange filtern, bis eine Richtung übrig bleibt, die sie gelten lassen. Deswegen mache ich auch unterschiedliche Sachen, die immer ein bißchen merkwürdig bleiben, weil man bei der Betrachtung durcheinanderkommt und sie nicht mehr in ein formales Konzept einordnen kann. Die springen immer hin und her. Unsere Gesellschaft hat eben dieses ganze Sammelsurium an formalen Bildern. Man braucht doch nur in ein

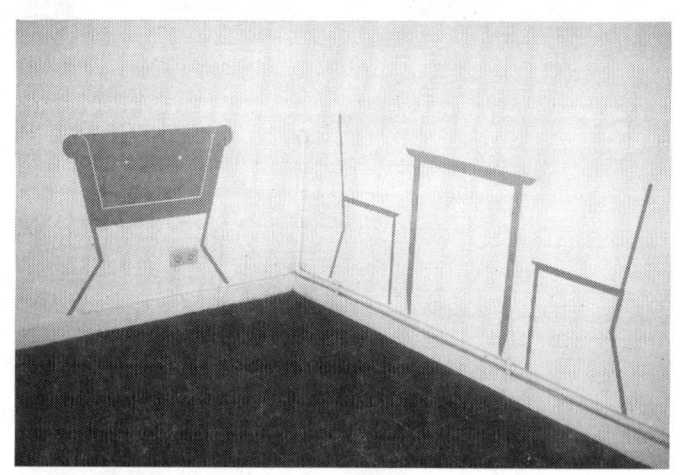

Andreas Brandolini - Arbeiten in Holz, Ausstellung in der Galerie Martin Schmitz, Kassel 1990. An den Wänden befinden sich die Schatten von Brandolini's Möbeln aus dünnem Flugzeugbauholz

großes Büro zu gehen, das völlig durchgestylt ist mit einem Büromöbelsystem - von CI wird ja immer viel gesprochen - und dann haben sie das alles gemacht und dann kommt man rein und dann hängen die Leute doch ihre Jacke über die Stühle und dann sieht der Stuhl anders aus und dann stellen sie sich eine Blume auf den Tisch undsoweiter. Dieses Bild wird ständig gestört, es funktioniert nicht.

Ein Bürosystem hast du ja auch mal gemacht.

Prototypen für ein mögliches Bürosystem, bei denen ich versucht habe, das System visuell so weit wie möglich auf ganz einfache Zeichen und eine ganz einfache Farbe zu reduzieren. Normalerweise sind solche Systeme visuell ganz stark, um Einheitlichkeit zu erzeugen. Ich hab's umgedreht und ganz schwach gemacht. Dadurch ist es auf der einen Seite auch einheitlich, auf der anderen Seite provoziert es diese persönlichen Ergänzungen, denn wenn es allein steht, ist es auch zu kalt.

Damit die Jacke über'm Stuhl dominanter ist als das System?

Damit der Mensch dominanter ist als das System!

Themenwechsel: Du arbeitest viel in Gruppen. Über Utilism haben wir schon gesprochen, Rastlos setzt sich zum Teil aus denselben Leuten zusammen. Jetzt arbeitet ihr gerade für das Stadtforum Berlin. Ist Rastlos mehr für die städtebaulichen Sachen da? Was steckt hinter dem Namen?

Nicht nur Städtebauliches. Wir haben auch kleine Objekte gemacht, Vogelhäuser zum Beispiel. Die Rastlos-Idee hat auch einen fast politischen Ausgangspunkt gehabt: Wir haben uns 1982 in Österreich getroffen. Designer, Architekten und Handwerker, die diesen Autonomiegedanken - nicht nur Entwerfen, sondern auch selber Produzieren - verfolgt haben. Wir wollten auch Wege finden, wie wir außerhalb des industriellen Komplexes Potenz entwickeln können. Da entstand der Gedanke eines europäischen Netzwerks, in dem wir zusammen arbeiten, ohne große Bürostrukturen aufbauen zu müssen. Das hat funktioniert. Wenn jetzt einer von uns ein Projekt in seiner Stadt an Land zieht, das er nicht alleine leisten kann oder will, aktiviert er die Partner in den anderen europäischen Städten. Es arbeiten manche von uns heute auch sehr viel für die Industrie. Wir haben das nie abgelehnt, wir wollten eine andere Haltung entwickeln und wenn die im industriellen Komplex Raum findet, ist es gut so, dann hat sich was verändert.

Der Gang durch die Institutionen?

Nein, ein Alleingang. Und die Institution hat dann bei dem einen oder anderen gesagt, das ist ja gar nicht so schlecht, was der macht. Die, denen das passiert ist, vertreten nach wie vor eine sehr eigenständige Haltung und mußten sich nicht anpassen.

Manche der Rastlosen werden als Beispiel für regionales Design herangezogen, arbeiten aber, wie man hört, alles andere als regional.

Deswegen meine Skepsis. Die klassischen Beispiele regionalen Designs, wie Plečnik in Ljubljana, sind verbunden mit einer politischen Situation: Slowenien wurde ein eigener Staat und es war eine politische Entscheidung, der Stadt und der Region eine nationale Prägung zu geben. Und es war nicht Plečnik, der die getroffen hat. So ist es heute auch. So könnte Berlin eine Prägung durch z.B. Norman Foster kriegen. Das wäre dann eine regionale Besonderheit.

Regionale Bestrebungen enden ganz häufig in Gewalt. Die regionale Besonderheit in Slowenien ist im Moment das gegenseitige Totschießen.

Die Gefahr sehe ich auch, und es deprimiert mich sehr, daß gerade in dem Moment, wo die Freiheit größer geworden ist,

*Andreas Brandolini - Die vier Sitz-Schwestern: Barbank
Cecilia, Barhocker Beatrice, Hocker Anabella und Bank
Diadora; Produktion: Zeus Mailand, 1994*

es in Radikalität und Gewalt umschlägt, die durch ihre Ergebnisse niemals zu rechtfertigen sind. Letztendlich geht's um's Leben, und wenn ich mir die Grundlagen dafür zerstöre, weiß ich gar nicht mehr, wofür ich gekämpft habe. Aber das gehört eigentlich nicht mehr hierher.

Ich finde, das gehört dazu. Der Designer lebt nicht - wie du schon sagtest - in einer Raumkapsel. Da sagt Lucius Burckhardt: ,,Wir leben nicht mehr in einer Zeit des Minimalbedarfes, an dem sich aus sozialen Gründen das Design der 20er Jahre orientiert hat, wir leben in einer Zeit des Wohlstands und dürfen uns nicht schämen, diesen Wohlstand auch als einen Fortschritt der Gesellschaft zu verstehen.'' Da erschrecke ich doch einen Moment, weil die Moderne in den 20er Jahren mit ihrem Anspruch von Weltgültigkeit immerhin die Lebensumstände aller Menschen auf der ganzen Welt verbessern wollte. Und jetzt sagen alle, das sei eine veraltete Theorie, wir sollen lieber froh sein, daß es uns so gut geht. Dem Eingeständnis, daß man es nicht mehr schafft, die Welt wirklich zu verändern, wird jetzt trotzig hinterhergerufen: ,,Das wollen wir auch gar nicht!''

Das stimmt nicht. Die Avantgarde der 20er Jahre oder auch der Jahrhundertwende hat gesagt, wir arbeiten jetzt - im Gegensatz zu den klassischen Architekten der Zeit, die für die Herrschenden gebaut haben, ob es nun Fürsten oder Kaiser, Kaufleute oder Industrielle waren und sich dort verwirklichen konnten - für das Existenzminimum, dafür, daß jeder zumindest eine anständige Wohnung hat. Heute gibt es neue Formen der Armut, die quer durch alle Länder und Schichten geht. Man kann kaum noch glauben, daß sich durch den Entwurf und die Produktion eines guten Stuhls, sich eine soziale Situation verbessern läßt. Wenn ich die Probleme der Welt sehe, wenn ich in die dritte Welt gucke, da kann ich mit 'nem Stuhl auch nicht helfen.

Aber es hört sich doch im Moment an, als kümmerten sich die

Designer nur um Europa.

Ich glaube, daß die Designer desillusionierter sind. Es ist ja auch schwer zu glauben, daß man sozial verantwortlich tätig sein und etwas durchsetzen kann. Eher in dem Sinne wie wir es probiert haben: Kleine Inseln schaffen in einem großen Gebilde wie Berlin, auf denen anderes Leben stattfindet, das sich schon noch unterscheidet von dem ganzen Drumherum. Es ist wirklich der Knackpunkt heutzutage, daß das eigene Tun zunehmend von politischen Entscheidungen bestimmt wird, aber das war's wohl schon immer. Auf alle Fälle ist die Politik sehr stark.

Da taucht wieder die Frage auf, wo im Moment Avantgarde stattfindet, ob im Design, der Kunst, der Politik oder ganz woanders. Im Design ist Avantgarde zum bloßen Etikett geworden, um den Absatz zu verbessern. Das hat mit der eigentlichen Bedeutung nichts mehr zu tun. Hast du vielleicht eine Re-Definition parat?

Es wird vielleicht was anderes geben, aber ...

Du siehst keine Chance mehr ...?

Für diese klassische Definition von Avantgarde nicht. Das Wort hat an Inhalt verloren und wird vielleicht mal ersetzt werden, aber es läßt sich schwer abschätzen, wann und wodurch.

Durch ,,zeitgemäßes Design''?

Das ist schon oft gesagt worden. Ich glaube aber nicht, daß wir alle in einer Zeit leben. Es gibt verschiedene Zeiten, die parallel laufen. Das wird ganz deutlich, wenn man den unterschiedlichen Stand der gesellschaftlichen Entwicklung rund um die Welt sieht. Insofern gibt es für mich auch kein zeitgemäßes Design. Im Endeffekt sieht es für mich so aus, daß, obwohl die

Welt durch die Geschwindigkeit, mit der man sich heutzutage bewegt, immer kleiner geworden ist, es einfach eine Ungleichzeitigkeit gibt in der kulturellen, der industriellen und auch der persönlichen Entwicklung. Nicht nur global, sondern auch auf dem Dorf oder in Berlin. Ich finde, das sollte mehr Berücksichtigung finden.

Utilism International
VON ZEIT ZU ZEIT

Es war 1988, und ich saß mit Jasper Morrison in einer Berliner Kneipe. Wir diskutierten über die damalige Design-Szene. Es war uns alles ein bißchen zu bunt geworden, zu „individuell", zu viele Designer umgaben sich mit der Aura der Kunst, ohne daß es mit mancher Kunst, die wir so mögen, etwas zu tun hatte.

Viel schlimmer! Wir hatten den Eindruck, daß die gar nicht so ferne Kunstgeschichte von Designern geplündert wurde, um alltägliche Dinge wie Tisch und Stuhl zu etwas Besonderem zu adeln. Nicht, daß wir das eine oder andere nicht mochten, daß uns nichts gefiel. Aber die scheinbare Beliebigkeit, mit der so viele Dinge zu dem „Neuen Design" hochstilisiert wurden, ließ uns schaudern. Bei so viel individueller Verschlüsselung der Objekte vermissten wir die süße Leere dieser ordinären Berliner Kneipe an einem August-Mittwoch um 10.30 morgens.

Uns dürstete nicht nur nach Bier, sondern auch nach einer simplen Definition dessen, was wir glauben selber zu tun: Dinge zu designen, die sich bequem, elegant oder überraschend in den Alltag einfügen. Etwas, das der Normalität entführt ist, um durch unser gestalterisches Hinzutun eine neue Erfahrung zu eröffnen. Nun sind die Dinge, die wir entwerfen, bestimmt sehr verschieden voneinander. Aber was sie verbindet, ist unsere Liebe fürs normale Leben, für die Probleme und Schönheiten des Alltags; unseres eigenen und dessen der anderen. Und so stellten wir uns die Frage nach einer Nützlichkeit der Objekte, die mehr beinhaltet, als die bekannten Kriterien des Funktionalismus oder die völlige Individualisierung der Formensprache, die sich bei genauerer Betrachtung letztlich doch als ein internationaler „Slang" mit leicht variierender Grammatik erweist. Wir kamen auf die Idee, mit einer Wortschöpfung, die man in mehreren Sprachen versteht, einen anderen Anlauf zu nehmen.

Utilism International - Art Frankfurt, zentraler
Informationsstand und Präsentationsstände für
Kunstzeitschriften, 1990

So spielten wir das durch: utilistic, uselessnistic, utilismn, utilismo, utilistisch, Utilität etc... Das versteht man leicht, ohne dabei sofort feststehende Kriterien im Kopf haben zu müssen. Nach all den Theorien zum Design, auch unseren eigenen, schien das eine wohltuende Abwechslung zu versprechen, und zu „grundsoliden" Ergebnissen führen zu können. Wir beschlossen, dies in der Praxis zu erproben. In Axel Kufus fanden wir schnell einen Mitstreiter, und seitdem arbeiten wir unter dem Namen -„Utilism International" - von Zeit zu Zeit gemeinsam an Projekten oder moderieren Workshops.

Der Reiz unserer Zusammenarbeit besteht darin, daß wir, ohne ein gemeinsames Studio zu haben, auch größere Aufgaben übernehmen, die immer bis zur Hardware, d.h. der Produktion unserer Entwürfe reichen. Konzeptioniert und entworfen wird per Fax, die Diskussionen werden an der Frage nach einer „Utilität" entschieden, die immer ein Ballanceakt zwischen unseren durchaus unterschiedlichen Arbeitsweisen und der Frage nach einem gesellschaftlich vertretbaren Aufwand und Ausdruck ist. Das Team wird, entsprechend der Projekte, um weitere Designer erweitert.

A.B.

Ohne Netz und doppelten Boden

Alessandro Mendini - Poltrona di Proust, 1978

154

Alessandro Mendini
ROMANTISCH

Andreas Brandolini: Es gibt viele, die sagen, Design sei nur dann wirklich wirksam, wenn es in Massenproduktion gehe. Glaubst du das auch?

Alessandro Mendini: Nein, man kann ja auch über Architektur sprechen, wenn es nur die Zeichnungen gibt. Eine Zeichnung von einem Haus ist Architektur. Genauso kann man über Design sprechen, auch wenn man nur Prototypen macht oder Skulpturen. Das ist für mich Design. Im Design ist heute sehr wichtig, daß ein Objekt Kommunikation erzeugt. Sie kann sehr stark sein, auch wenn es die wirklichen Arbeiten gar nicht gibt. Die Architektur von Aldo Rossi, zum Beispiel. Erst seit wenigen Jahren baut er tatsächlich, aber sein Einfluß auf die Architektur war schon lange sehr groß, allein durch seine Zeichnungen.

Das Argument dagegen lautet: Wenn ich eine experimentelle Ausstellung mache, sehen immer nur ganz wenige Leute diese Dinge, und ich erziele keine gesellschaftliche Wirkung.

Industrial Design ist für viele etwas rein funktionales, aber für mich ist es eine Kultur der Form. Ich entwerfe manchmal nur für einen einzigen Menschen. Meine Arbeit ist größtenteils für wenige Menschen gedacht und manchmal für viele. Ich habe einige Swatches gezeichnet, von denen ca. 100.000 Stück gemacht worden sind. Aber von anderen Arbeiten gibt es nur sehr wenige Stücke, trotzdem sind sie - durch die Medien - ziemlich bekannt. So gibt es einen großen Einfluß auch bei ganz kleiner Stückzahl, wie bei der Kunst.

Also eine indirekte Wirkung: Das wird dann viel nachgemacht.
Ist das nicht eine undankbare Rolle für die ,,Avantgarde"?

155

Es ist mittlerweile schwer, von Avantgarde zu sprechen, weil schon in den 80er die Avantgarde etwas anderes war, als z.B. im Radical Design, im Surrealismus oder Kubismus. Die Avantgarde wird heute schnell bekannt und spielt eine andere Rolle. Sie ist mehr eine TransAvantgarde, wie Bonito Oliva das sagt, alles ist ganz leicht und sehr gemischt. Es gibt nicht wirklich einen Kampf zwischen Avantgarde und Institution.

Hat's den früher gegeben?

Ja, in den 60er Jahren, mit Radical Design, weil es auf der anderen Seite eine sehr feste politische Ideologie gab. Jetzt ist die Ideologie sehr schwammig, man weiß nicht mehr, wo rechts oder links ist. Was früher einmal die Avantgarde der Welt war - die Kunst oder auch das Design - ist heute die Science-Fiction oder die Politik. Letzten Endes ist die politische Realität heute nicht identisch mit dem künstlerischen Experiment. Wenn du nur daran denkst, was sich in der Welt getan hat, seit anderthalb Jahren! Und mit dem Design ist alles noch so, wie es vor zehn Jahren war. Da kann man kaum von Avantgarde sprechen. Bei uns gab es in den 60er/70er Jahren einen Krieg gegen den Funktionalismus, der damals eine Art kapitalistischer Funktionalismus war. Heute haben die Conter-Designer alles gewonnen. Aber nicht in Deutschland, da geistert noch die Ulmer Schule durch die Hochschulen.

Ja.

Hier dagegen: ,,Die Romantik ... die Magie", die traditionelle Idee der italienischen ,,Botega" der Renaissance. Auch die italienische Industrie hat das verstanden und produziert nicht mehr nur funktionale Objekte, sie produziert Design.

Aber das wolltest du ja immer, das hast du ja propagiert.

Aber jetzt ist es kein Kampf mehr. Vielleicht muß man jetzt umgekehrt kämpfen, weil es zu leicht geworden ist.

Auch Mode spielt jetzt eine große Rolle.

Ja. Für einige Leute ist es so leicht geworden wie ein Spiel, aber eine Qualität - in der Form oder in der Produktion - zu halten, ist viel viel schwerer. Es gibt sehr viel Probleme mit den jungen Leuten, die aus der Schule von Memphis oder Alchimia gekommen sind. Alchimia ist ganz schön alt geworden.

Mir fällt auf, gerade hier in Mailand: Es gibt keine Rebellen mehr. Letztens habe ich bei einem ehemaligen Rebellen reingeschaut, dort ist alles gutsituiert ...

... stabilizato.

Ja. Die Jungen, die einen Job suchen, denken sehr strategisch, *,,Wenn ich zu Demunddem gehe, steigen meine Chancen, später da und dorthin zu kommen ... ", aber so war das doch schon immer.*

Yuppies.

Es gibt viele kleine Kollektionen von Firmen, die sich ein paar junge Designer schnappen, von denen sie denken ,,die sind im kommen". Heraus kommt nur Stil, der nichts mit Revolte zu tun hat. Macht dich das traurig?

Ja, mein Konzept des Lebens und der Arbeit ist romantisch, und ich wäre froh, wenn mehr Leute mit einer Philosophie leben und intime Ideen mit ihren Objekten hervorbringen würden. Aber das ist sehr schwer in dieser Zeit. Zwar macht die italienische Industrie ,,ricerca", aber es gibt so viele junge Designer, daß sie strategisch vorgehen müssen, um gute Arbeit zu finden - manchmal müssen sie auch 5-10 Jahre warten. Nicht nur in Italien.

Glaubst du an eine kulturelle Aufgabe des Design? Es heißt, Design werde immer wichtiger. Branzi sagt, wenn Europa die

Grenzen öffnet, brauchen wir Design, um Identität zu schaffen und zu bewahren.

Ich denke nicht, wie Branzi und andere, daß man mit Design die Welt erneuern kann. Dafür gibt es andere Disziplinen: An der Spitze steht die Philosophie, dann kommen die Kunst, Architektur, Medizin, Biologie. Aber eine andere Utopie ist der Gedanke an eine Welt mit Kunst, d.h. mit Malerei, Architektur, Skulptur, Design, Grafik, Corporate Identity auf einmal.

Das geht in die Richtung, ich weiß nicht, ob Baudrillard das gesagt hat, daß die einzige Utopie, die wir heute noch haben können, sei, daß jeder ein Künstler werden müsse.

Ich liebe Baudrillard sehr - aber vielleicht sollte nicht direkt jeder ein Künstler werden, sondern jeder sollte mit Kunst leben. Das ist etwas anderes. Es ist gut, daß alle Leute eine persönliche Kreativität haben können, d.h. aber nicht, daß jeder Mensch Künstler ist oder sein kann. Viele Chancen zu haben, mit Kunst zu leben, z.B. in einem Büro Kunst, Malerei zu finden, wäre gut. Ich glaube, die wichtigste Architektur ist heute die Museumsarchitektur. Die Museen heute sind wie damals die Kirchen.

Kritiker sprechen von einer Musealisierung der Wirklichkeit, von Dingen, die nur solange existieren, wie sie im Museum stehen.

In diesem Zusammenhang ist auch das Fernsehen sehr wichtig. Jeder Mensch kann jetzt alles wissen und durch den Fernseher überall sein. Aber er sieht eine falsche Wahrheit, wie im Museum. Die Wirklichkeit gibt's heute fast nicht mehr. Ich sehe also auch, daß die Welt heute ein bißchen musealisiert ist, das ist wahr. Aber ein Museum kann heute doch zusammen mit einer Schule, einer Kirche, mit Wohnungen unter einem Dach sein.

Alessandro Mendini - Maracatu; Foto: Vitra

Ich will noch einmal darauf zurückkommen, was du vorhin gesagt hast, von der Avantgarde, die man heute in der Politik oder in der Science-Fiction suchen müsse. Kennst du die Cyberspace Trilogie von Gibson? Cyberspace ist ein vom Computer geschaffener künstlicher Raum, den die Cyberpunks und Cybercowboys manipulieren. Sie sind sozusagen die Avantgarde in dieser Welt, weil sie ihren Kopf direkt an die elektronische Welt anschließen und im Cyberspace, diesem unwirklichen Raum, wirklich umgehen. Sie brechen ein, stehlen Programme und können auch sterben, wenn der Kopf von den Abwehrarmeen der anderen Programme zerstört wird. Das Leben findet in diesem Raum statt, der nicht mehr körperlich ist. Die Objekte werden immer unwichtiger, haben keine Bedeutung mehr, sind nur noch Botschaft, die keinen Körper mehr braucht.

Es gibt zwei Arten Objekte: Die der elektronischen Welt sind immateriell, die Form spielt dort keine Rolle. Aber es gibt auch noch die Objekte der traditionellen Welt, die mit den Händen gemacht werden und die wir zum Leben brauchen. In einem Haus muß man auch Objekte haben, die wirklich dort sind.

Ja. Wenn man Filme wie Blade Runner sieht, erkennt man Objekte der Technik, die sind eigentlich nur Handwerkszeuge. Und man sieht alte Objekte. Es ist wie in einem Slum, die Kulturen sind gemischt. Die alte Welt bleibt bestehen, daneben gibt es nur noch die technischen Spezialitäten. Ich glaube auch, daß man die Dinge noch anfassen können muß. Denn wenn man als Consolecowboy dasitzt, mit seinem Deck, spielt sich das Ganze immer noch an einem Tisch ab.

Ich finde die Idee gut, die man in Blade Runner von den Objekten gehabt hat. Zukunft und Geschichte sind gemischt, und man sieht so etwas wie die Karikatur der Objekte, ... ein bißchen sarkastisch.

Daß Objekte auch Information über unsere Zeit bedeuten, ist ein Bewußtsein, das ich heute im Design oft vermisse. Da begegnen einem die Dinge als Gag oder als formale Aussage. Was manche Designer heute machen, ist nur Oberfläche, ist eine formale Aussage, die die Traditionen ignoriert, in der die Dinge zwangsläufig stehen. Nun sagen sie, Tradition sei ohne Belang, „die Dinge kommen und gehen". Das ändert aber nichts daran, daß die Tradition nun einmal da ist. Da hat Design eine politische Aufgabe: Je mehr Bewußtsein ich - durch meine Objekte - für Wirklichkeit und Vergangenheit schaffe, desto intensiver können Menschen darüber nachdenken und damit leben.

Alle Objekte müssen zu uns sprechen. Dieses Buch hat keine interessante Form, aber es spricht zu uns, weil etwas darin geschrieben steht. Dieser Cassettenrecorder ist ein elektronisches Objekt, nicht interessant in der Form, aber es gibt uns eine Botschaft, weil man darauf sprechen kann. Diese Vase hat eine sehr kleine Funktion, aber sie hat eine rituelle Form, ihre Botschaft ist wie eine Skulptur.

Meinst du, daß man alle Objekte vor demselben Hintergrund designen sollte?

Für technische Objekte ist es der bessere Weg, die Kommunikation zu haben, ohne die Objekte zu sehen. Bei einem guten Fernseher sieht man nur das Bild. Stell dir einen Raum vor, an den Wänden vier große Images: Dort findest du die Bahamas, dort Paris, dort ein schönes Mädchen und dort ... Für die Objekte der Kommunikation wird die Miniaturisierung wichtig.

Die erfolgreichsten deutschen Designer sind, glaube ich, Frog-Design. Die machen fast nur solche Objekte und sagen, „hier findet Design statt". Ich glaube, es ist nur Styling.

Ja, das ist uninteressant.

Alessandro Mendini - Sedia Lassù, 1975

Andererseits hat es natürlich eine große gesellschaftliche Be-
deutung, denn diese Produkte verkaufen sich ja viel über das
Image und erreichen wirkliche Massenauflagen.

Aber es gibt sehr verschiedene Möglichkeiten, Design zu machen. Das Design eines Flugzeugs z.B., das kann ich nicht
machen. Oder funktionales Design oder Industrial Design.
Über uns gibt es eine Kultur, die ist nicht gezeichnet, sondern
ist Philosophie, etwas literarisches, eine künstliche Idee. Und
Leute wie Frog-Design, die so kleine Probleme bearbeiten,
arbeiten nicht sehr intellektuell.

Manchmal machst du ja auch Industrieprodukte. Zum Beispiel
so einen kleinen Hocker aus Plastik, bei dem man die Sitzflä-
che abnehmen kann und sich ein kleines Versteck öffnet.

Ja, ich liebe es, solche Dinge zu machen, zu probieren, ob ich
professionell bin. Meine Arbeit ist aber immer auch ein bißchen verrückt. Einige wirkliche Industrieprodukte habe ich
mit Alessi gemacht. Und da ist eine andere Sache, die ich gerne mache: mit vielen Leuten arbeiten.

Das ist mir aufgefallen. Auch wenn du Architektur machst,
machst du es nicht alleine.

Fast nie.

Tust du das aus politischen oder philosophischen Gründen
oder aus einer persönlichen Neigung?

Das hat psychologische Gründe: Ich bin immer unsicher, und
wenn ich mit anderen zusammenarbeite, bekomme ich Sicher-
heit. Außerdem liebe ich es, nicht zu wissen, wohin die Arbeit
geht, weil auch andere Leute mitreden. Es ist ein Konzept wie
beim Orchester: Die Situation ist in der Hand des Dirigenten,
aber es gibt andere, die die Musik machen. Jetzt arbeiten wir
an einem Museum in Holland, da haben wir Gäste: Coop Him-

melblau, Phillip Starck und andere, das finde ich interessant. Nur wenn die Objekte sehr klein sind, mache ich sie alleine. Das kommt von meiner Arbeit bei Domus oder Modo. Dort wird die Arbeit nie direkt gemacht, andere Leute schreiben, und du mußt eine Collage machen, das mag ich sehr. In dieser Zeit bin ich sehr an Architektur interessiert, und ich schreibe viel weniger als früher. Aber ich kann nicht über ein Thema arbeiten, wenn ich keine Theorie dazu habe. Dabei habe ich viele verschiedene Theorien, die vielleicht auch widersprüchlich sind. Ich arbeite an vielen verschiedenen Themen zugleich.

Also mehr eine konzeptionelle Arbeit?

Ja.

Mit Santachiara habe ich auch darüber geredet. Er sagt, bei ihm sei die Form eine Konsequenz des Konzepts. Glaubst du das auch?

Ja, die Form bei Santachiara ist die Konsequenz der Idee, lustige und ironische technische Objekte zu machen. Für mich ist sie eine Konsequenz aus Religion und Freud. Ich gehöre der Bourgeoisie an, einer kritischen Bourgeoisie. Mein Vater hat in Wien studiert, er war ein Sammler von alten Möbeln. Ich hasse jetzt alte Möbel, mache etwas ganz anderes. So habe ich die psychologischen Probleme mit meinem Vater verarbeitet. Meine Philosophie kommt aus Mitteleuropa, Verona, Österreich. Wie bei Sottsass.

Vielen Dank für das Gespräch.

Lucius Burckhardt
QUERBEET

Andreas Brandolini: Was verstehst du unter dem Begriff Avantgarde, verbunden mit Design?

Lucius Burckhardt: Avantgarde hat für mich etwas Ähnliches wie Moderne, Avantgarde konnotiert mit dem Begriff der „20er Jahre". Das entsprach damals dem Zustand, daß eine Spitzengruppe das Neue sah. Dahinter gab es eine Hauptmacht und die Konservativen. Das ist ja nicht der Zustand, der heute da ist. Heute gehen, wenn man im Militärischen bleibt, verschiedene Spähtrupps vor und suchen irgendwas zu tun. Es gibt nur noch Gruppen, die Avantgarde ist zerfallen in viele kleine Teile.

Aber der Ausgangspunkt dafür, heute noch von Avantgarde zu sprechen, liegt ja nun auch ein paar Jahre zurück. In den 60er Jahren gab's mal in Italien die Radical Design Bewegung, die gebrochen hat mit gängigen Vorstellungen von Gestaltung, und später, Ende der 70er Jahre Alchimia und Memphis, Anfang der 80er entstanden. Das war ja schon ein Aufbruch.

Ja, aber ich glaube, das waren bereits postmoderne Bewegungen in dem Sinne, daß sie reflektiert waren. In Italien hat man ja seit langem auf einem hohen Niveau diskutiert. Diese Leute, also Mendini oder Superstudio, haben sich lange mit der Situation beschäftigt; es ist schon ein Durchbruch, aber dazu, die bestehende Sprache anders zu verwenden, gewissermaßen mit einem doppelten Code, d.h., daß die Sprache, die die Moderne geschaffen hat, nochmal reflektiert, sozusagen noch einmal auf sich selbst angewendet wird. Und Superstudio und diese ganze Bewegung verstehe ich als eine zweite Moderne, die nun mit der Sprache der Moderne über sich selbst nachdenkt.

Mmh.

Das finde ich nicht eine avantgardistische Geste, sondern gewissermaßen wird da die Avantgarde zur Kultur, indem sie in diesen Schulen und Zirkeln intensiv diskutiert wird.

Und was bringt das hervor, was hat es produziert? Hat sich dadurch was geändert?

Ich glaube schon. Ich meine, dahinter steckt die Tatsache, daß die Semiotik zugänglich wurde, also normale Leute, nicht nur Linguisten, plötzlich wußten, was es ist, darüber geredet haben und fragten, was steht eigentlich zur Verfügung an Stilen und Zeichen und Mitteln? Was hat die Moderne geleistet? Und was können wir jetzt damit anfangen?

Mmh.

Dadurch kommt auch eine Ironie hinein, z.T. ist das ja die Ironie über sich selbst, aber auch der Versuch, mit diesen Mitteln eine neue Aussage zu machen.

Ich habe beobachtet, daß diese Ironie auch viel falsch verstanden wurde, sozusagen sich verselbständigt hat als eine Art Sprache, die im Design angewendet wird.

Viele Leute sind dann reingesprungen und haben geerntet, was die Italiener erarbeitet haben. Aber ich meine, die haben wirklich etwas erarbeitet, auch das Nachdenken über - das war so. '68 - Disegno Banale, was ist das banale Design? Was sind die 50er Jahre? Die Hoffnungen der 50er Jahre? Und was war ihr Werk?

Mmh.

Später haben dann überall auf der Welt Leute gemeint, sie könnten Witze über die 50er Jahre machen. Natürlich kann man da billige Witze machen und Tütenlampen, aber ich meine, die Italiener, auch andere Leute in deinen Kreisen haben darüber nachgedacht, was das wirklich ist, was die 50er Jahre wollten, was sie gebracht haben. Was sollte das heißen und wie betten wir das ein, wie denken wir darüber nach?

Wie schätzt du den Stellenwert von Design oder Gestaltung in unserer Gesellschaft heute ein? Soll Design sich kritisch mit ihr auseinandersetzen, wäre das ein Gewinn oder soll es einfach nur Vielfalt produzieren? Die Hochschule für Gestaltung in Ulm, zum Beispiel, hatte sich ja gesellschaftlich ganz klar definiert.

Ich denke, das Design hat jetzt eine andere Rolle, als man sie an der HfG gesehen hat. Dort wollte man ja gewissermaßen die Zukunft herstellen. Heute ist das Design doch eine Art zu dialogisieren, sich selbst und seine Umwelt darzustellen, damit man mit den anderen in Konkurrenz oder Kommunikation treten kann. So wie man redet, so kleidet man sich und umgibt man sich mit Gegenständen. Es genügt eben nicht, nur zu reden. Aber es ist nicht mehr das Paradies, das künftige, wie es in Ulm war. In Ulm lebte man ja sozusagen in Erwartung der Erlösung provisorisch.

Aber was in Ulm gemacht wurde, hatte ja noch was von der klassischen Avantgarde, die ja immer in die Zukunft geschaut hat. ,,Wir entwerfen die neue Welt."

Ja, das war noch vollkommen klassisch, man lebte in Erwartung der Zukunft, man designte die Zukunft.

Aber als ein ziemlich klares Bild. Alle klassischen Avantgarde-Entwürfe sprechen doch im Grunde eine Sprache, haben einen ähnlichen Umgang mit Materialien, die Materialien haben eine ähnliche Ökonomie.

Komisch war ja, daß man offiziell nicht über das Aussehen redete. Man hat gemeint, man entwerfe sozusagen die Dinge selbst, nicht ihr Aussehen. Insofern war man noch vollkommen naiv dort. Das Reich der Zukunft hatte ja kein Aussehen mehr. Das Aussehen war abgeschafft. Es war immer so komisch, wenn die Studenten dann ihre Dinger präsentierten. Die Lehrer mußten dann ihre Note geben. Aber man durfte ja nicht sagen, daß es aussieht. Ausprobieren konnte man es auch nicht, weil's nicht funktionierte. An sich redete man nur darüber, ob's funktionierte, aber nicht, ob's aussieht. Im Kopf hatten alle das Aussehen, aber man hat es nicht ausgesprochen.

Also hat das doch auch einen modischen Charakter.

Das hat man aber nicht gesehen, man hat erst hinterher gemerkt, daß die Moderne ein Stil ist, und daß Ulm ein Unterkapitel der Moderne ist, hat das aber nicht zugegeben, sondern meinte, das Glück selbst, die Zukunft selbst werden jetzt designt.

Mmh.

Weißt du noch, wie der von Klier seine Espressomaschine präsentierte? Espressomaschinen haben doch eine Taille. Das ist natürlich nicht die Zukunft. In Zukunft sind sie nur noch ein Zylinder, ist doch klar. Da war also nur ein Zylinder, und dann hat er mal Kaffee drin gemacht, da hat dann der Deckel geklappert, weil er nicht daran gedacht hat, daß die heiße Luft weg muß. Er hat dann ein Loch in den Deckel gebohrt. Da saß man verlegen drum herum, und auf allen Gesichtern sah man: „Also, das ist ein schönes Ding, aber was soll dies Loch?" Aber keiner wagte zu fragen, bis dann ein Werkmeister sagte: Was ist denn da oben? Und der von Klier sagte: Ein Loch. Das war natürlich ein Tadel von dem Werkmeister, und man fragte: Warum ein Loch? Ja, sonst klappert der Deckel. Aha, ein Loch, einfach ein Loch. Man wollte natürlich den ganz blanken Zylinder und den Deckel auch ganz blank. Und dann ist ein Loch drin. Irgendwie war man der Meinung, das ist noch nicht ganz erfunden, in Zukunft hat es kein Loch. Als Banham dann einmal zu Besuch nach Ulm kam, war er der erste, der dort vom Aussehen sprach. Er kam vom Pop, und mit dem Pop war plötzlich erlaubt, zu sagen, daß die Dinge aussehen. Von da an hat man semiotisch oder linguistisch argumentieren dürfen.

Das hat sich ja grundlegend geändert.

Ja, im Gegensatz zu Ulm denkt Design nicht über die Zukunft nach, sondern über uns selbst. Wir präsentieren uns heute, aber 1959 in Ulm war das Heute ja nichts. Schlecht gekleidet, hungrig und frierend saß man auf diesem Kuhberg und dachte, im Jahr 2000 wird's ganz toll. Heute denkt ja niemand entsprechend ,,Im Jahr 2020 ...''

Eher mit Angst.

Wir wollen es heute warm haben. Das Paradies ist nicht mehr in der Zukunft, sondern wenn ein Stückchen Paradies möglich ist, wollen wir es jetzt.

Jetzt haben wir festgestellt, es geht um das Heute. Und heute dürfen oder müssen die Dinge was erzählen, sollen sprechen. Das erinnert mich an einen Artikel, den du 1980 geschrieben hast, für die Ausstellung Forum Design in Linz: ,,Design ist unsichtbar''. Da hast du ja eigentlich was anderes beschrieben.

Ja, eine Ausweitung des Design auf Organisatorisches und Unsichtbares. Daß die Dinge aussehen, aber auch unsichtbare Teile haben. Daß der Autobus einen Fahrplan hat.

Wie siehst du das nach zehn Jahren? Das war ja eine programmatische Ausstellung, die sollte ja was bewirken, hat es glaube ich auch. Siehst du das eingelöst oder bestätigt durch die letzten zehn Jahre?

Das Anliegen damals ist nicht dasselbe, das uns heute bewegt. Damals wollten wir das Design ausweiten, weil es sich tatsächlich auf wenige Gegenstände beschränkt hat. Manche Dinge waren immer Gegenstand des Design, andere hat niemand designt. Zumindest *wir* wollten sagen, man muß sich mit dem Ganzen und mit systemartigen Dingen beschäftigen, also das Vehrkehrssystem, nicht die Autos designen. Busse brauchen nicht nur bequeme Eingangstüren, sie müssen auch alle paar Minuten vorbeifahren, sonst benutzt man sie nicht. Das war damals das Anliegen. Heute wollen wir, auch im Gegensatz zur Avantgarde-Zeit, ein Design als Kommunikation. Die Zukunft ist nicht in Zukunft, sondern jetzt. Wir wollen unsere Umgebung, unser Setting, informationsreich machen. Was man bisher nur durch Mode, durch Kleidung gemacht hat zu zeigen, wer man ist will man heute auf viele Gebiete ausdehnen, auf Gruppen, Einrichtungen.

Irgendwoher müssen sich ja auch diese Informationen speisen. Da gibt es die Theorien des Regionalismus, die ja dem widersprechen, wie heute größtenteils produziert wird. Das fängt mit dem Kassettengerät an, das hier läuft, es kommt eigentlich aus Japan, ist aber überall.

Eine Krise des Design ist sicher, daß solche Dinge wie Kassettengeräte Kästen um sich haben und die Theorie „Die Zweckmäßigkeit ist sichtbar" zusammengebrochen ist. Bei elektronischen Geräten ist die Zweckmäßigkeit eben nicht sichtbar, wir müssen eine zweite Sprache, nämlich die Tastatur, drumherum erfinden. Das halte ich aber für das geringere Problem. Das andere ist, daß in der Tat die Sprache der Darstellung - wenn sie eine sein will - sich mit Material speisen und auch erneuern muß. Eine Dimension dabei ist die Vergangenheit, eine andere können die Regionen sein. Nun haben ja die Regionen zu Beginn unseres Jahrhunderts ein interessantes Aufleben durchlebt. Also diese Gruppen, die François Burkhardt z.B. darstellt. Der tschechische Kubismus, Plečnik, Asplund, die ungarische Kunstgewerbebewegung mit Ödön Lechner, dann in Italien der italienische Jugendstil, d'Aronco, der dann ja übersprang nach Istanbul, weil d'Aronco sozusagen den neuen türkischen Stil schuf. Dann Gaudi, dieser ganze Komplex „das junge Spanien", der ja kunstgeschichtlichen Ursprungs war; einige dieser Architekten waren ja direkt die Entdecker der Spanischen Romanik, Puig i Cadafalch und Domenech i Montanér haben ja direkt aus Romanik einen Jugendstil gemacht. Gaudi ist einer von denen, aber der hat noch am meisten Formen selber vollbracht, während die anderen eben diese Spanische Frühromanik verwurschtet haben. Wie geht's weiter? Die Belgier, ...

Ich geh mal eben Zigaretten holen.

...Horta, Mackintosh in Schottland und eben im Norden dann Asplund.

Aber man könnte auch sagen, daß diese regionalen Ausprägungen durch einen Mangel an Informationen entstanden sind.

Ja, das ist der große Unterschied. So ein Mann wie Plečnik wußte tatsächlich nicht, was Corbusier macht. 1925, bis der Krieg ausbrach, hat er nicht gewußt, daß es die Moderne gab - und wollte es auch nicht zur Kenntnis nehmen. Das war auch möglich. Insofern war der Regionalismus regional. Heute ist es so, daß alle alles wissen. Ich finde den Ausdruck „Global Village" gut. Die Welt ist ein Dorf. Wir machen Dorfgeschwätz, aber alle wissen alles. Insofern stehen die Formen allgemein zur Verfügung. Natürlich gibt es ein italienisches Design, weil es die Leute gibt, aber es ist nichts Italienisches daran. Die Traditionen stehen zur Verfügung.

Das konnte man ganz gut bei Memphis beobachten. Nicht umsonst hat Sottsass sich immer auf seine Indienreisen bezogen. Oder wenn man jetzt die ganze Farbenpracht sieht, die plötzlich wieder bemüht wird, die ist ja vorher eigentlich in London

171

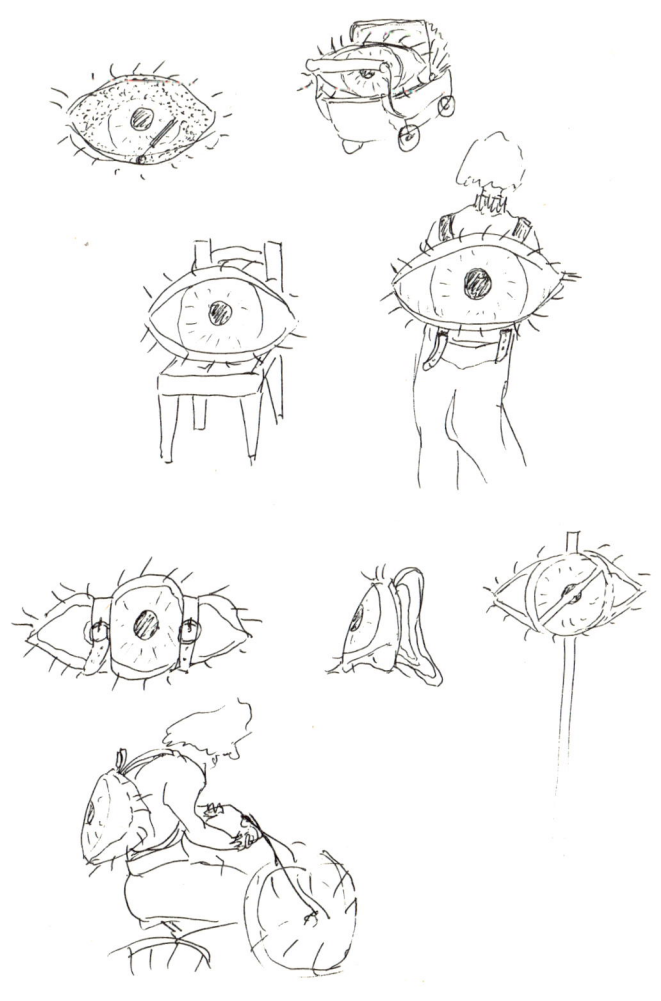

ausgebrochen, schon ein paar Jahre vorher, durch die Punk-Bewegung. Die haben halt nicht designt, die haben angestrichen. Da hat man plötzlich in Wohnungen einen pinkfarbenen Tisch gesehen.

Schon früher, schon in der Pop-Bewegung. Ich finde, daß die Engländer die Farbskala geändert haben, ist auch ein Zur-Verfügung-Stellen von Sprache. Früher gab's an den Schulen immer die Farblehre, das war etwas ganz fixes, festgefahrenes. Oder man sagte: Diese Krawatte paßt nicht zu diesem Hemd. Das ist für mich zusammengebrochen mit Carnaby Street und hat damit die Farbe als Sprache wieder bereitgestellt. Man kann sie jetzt benutzen, auch Dissonanzen heißen etwas. Früher hieß es nur: Tu das weg, das ist scheußlich und das ist richtig. Wir sprachen darüber, wo eigentlich das Material der Sprache herkommt. Eine Dimension finde ich den Regionalismus, eine Dimension finde ich die Vergangenheit und eine ist, daß man mit Regeln wie den Farbharmonien gebrochen hat.

Regionalismus heißt doch aber auch Geschichte. Ich denke da an Heimatkundeunterricht: Seit drei Jahrhunderten gibt es hier diese Bauformen. Und das ist ja nicht, was Andrea Branzi und François Burkhardt meinen. Die stellen ja einen anderen Regionalismus vor, der sich aus anderen Informationen speist.

Also ich meine schon, daß der Regionalismus um 1900, den François Burkhardt beschrieben hat, etwas historisches hat, indem er die jungen Nationen darstellte. Die Ungarn, Ödön Lechner, wollten sagen, gegenüber Wien, wir sind anders, haben ein besonderes Handwerk und dazu gehört die Keramik. Das Verwenden von glasierter Keramik in der ungarischen Architektur ist ein Regionalismus, der aus der Geschichte schöpft. Nicht eine Moderne, aber so eine Arts & Crafts-Bewegung, die gegen die Wiener Arts & Crafts-Bewegung gerichtet ist und sagt, wir sind eben Ungarn und nicht Wiener. Insofern hängt das damals zusammen mit den jungen Nationen. Ungarn befreit sich, Jugoslawien entsteht, Slowenien manifestiert sich in Jugoslawien.

Regionalismus ist ja heute eher durch die Industrie gegeben, das typisch Italienische scheint mir die norditalienische Industrie zu sein, die sich mit Design profiliert. Da agieren sie anders, als die deutsche Industrie oder die japanische.

Dadurch können wir es unterscheiden, aber es ist nichts Italienisches daran, der Unterschied ist strukturell bedingt, die haben andere Leute, andere Schulen, eine andere Industrie, die Beziehungen zwischen Designern und Industriellen sind ein bißchen anders. Klar ist es lokal, aber das wurzelt nicht in einem lokalen Formenvorrat, sondern ist eher Manifestation der italienischen Gesellschaft, die mehr miteinander redet, die Dinge entwickelt. Wir entwerfen vielleicht in aller Stille, und dann sagen wir nimm's, oder nimm's nicht. Dort lassen sich die Industriellen was sagen, bei uns sagen sie nur: Das kauf ich, und das kauf ich nicht. Das sind die Unterschiede.

Könntest du eine Zukunftsprognose machen, wo die Entwicklung im Design hingeht, wenn es, wie du sagst, jetzt akzeptiert ist, daß Formen kommunizieren?

Meine Prognose ist zunächst pessimistisch. Ich sagte ja, man arbeitet nicht mehr für die Zukunft, man arbeitet für jetzt. Das heißt ja auch, es gibt kein Paradies mehr, auf das wir warten, sondern das Paradies ist jetzt da, aber nur für einige Leute. Was mir Angst macht: Das Paradies ist da, aber einige sind nicht mitgekommen. Ich habe das Gefühl, es entwickeln sich verschiedene Levels. Es gibt eine Gesellschaft derer, die es geschafft haben und eine kaputte Gesellschaft derer, die es nicht geschafft haben, und wie die sich entwickelt, finde ich sehr schwer zu sagen.

Aber das ist ja an sich schon wieder der Nährboden für eine neue Avantgarde.

Es ist durchaus möglich, daß daher ein Quell von Inspiration kommt, daß die Leute sich manifestieren, und daß von deren Sprachschöpfungen oder -klauungen - so wie die Jugendmode klaut ja auch das Alternative - Impulse kommen. Das ist schon denkbar, aber sozial oder gesellschaftlich ist meine Prognose zunächst pessimistisch.

Es führt ja schon zu Konflikten.

Die Konflikte können nicht gelöst werden, indem man sagt, nun wartet mal schön, eines Tages gehen wir alle durch die goldene Pforte des Sozialismus ein, da glaubt niemand mehr dran, sondern entweder man schafft es jetzt oder man schafft es nie. Das finde ich eine eklige Situation.

Es ist ja auch schwer, wie in den 20er Jahren, zu sagen, wir arbeiten für das Existenzminimum, wir schaffen eine Basis, für alle gleich. Man braucht nur über die Grenze zu fahren, dann sieht man, die haben viel mehr.

Oder viel weniger. Das finde ich auch. Und Leuten vorquatschen, wir arbeiten für etwas, das ist gar nicht mehr drin. Es gibt Leute, die arbeiten wie wahnsinnig, aber es wird nichts draus, und es ist auch keine Zukunft drin. Also, das ist zunächst mal meine pessimistische Prognose.

Gibt es auch noch eine optimistische?

Im Design, meine ich, wird sich die Zersplitterung in Stämme fortsetzen. Was sich eine Weile lang als Jugendmoden und Jugendkulturen manifestiert hat, sind ja heute keine Jugendkulturen mehr, sondern Kulturen. Also: Leute leben so und andere Leute leben anders. Die Leute haben ihr Leben lang Jeans an oder Krawatten. Oder sie wechseln mal, aber es ist nicht so, daß nun junge Leute eine bestimmte Kultur haben und dann mit 25 in die Erwachsenenkultur eintreten, wie das früher war, sondern was 1955-80 Jugendkulturen waren, sind

in den 80er/90er Jahren, ich nenne es eben so, Stämme geworden. In England gibt es Hooligan-Dynastien, da gehen der Vater und der Sohn und der Großvater zum Fußballmatch sich
prügeln. Nicht so, daß die Söhne sich prügeln und die Väter
und Großväter auf der Tribüne sitzen bleiben. Es gibt Hooli-
gan-Familien, die schon drei Generationen haben. Und das,
meine ich, ist eine Entwicklung, die man bedenken muß. Mög-
licherweise ist der Dialog oder Nicht-Dialog zwischen den
Stämmen die Kultur der Zukunft.

*Heißt das dann für den Gestalter, daß er sich entscheiden
muß, zu welchem Stamm er gehört?*

Paradox ist: es gibt ja immer noch eine Super-Sprache darüber. Komisch ist ja, daß alle alles verstehen. Auch General-
direktoren in Krawatten wissen ja, welches die guten Jeans
sind, und auch Leute in zerschlissenen Jeans wissen, welche
Krawatte jetzt die richtige ist. Es gibt die Sprachen der Gruppen in sich und es gibt dann noch die Super-Sprache. Wahrscheinlich ist das das Spiel der Zukunft, daß alle alle verstehen
und ja auch Spaß daran haben, wenn etwas gut ist. D.h. der
Generaldirektor hat ja Spaß an einem ganz guten Punk. Und
der ganz gute Punk hat ja auch Spaß an einem wirklich elegant
angezogenen Generaldirektor. Insoweit hält ja noch alles zusammen.

Da wird der Designer zum Sprachwissenschaftler.

Soweit die Sprachanalogie das trägt. Es ist ja keine volle Ana-
logie ... Haben wir jetzt Quatsch geredet?

Ich weiß es auch nicht.

Was jetzt ja teilweise versucht wird, ist Gewinn zu schlagen
daraus, daß widersprüchliche Dinge immer ganz informativ
scheinen. Sie sind es aber nicht. Die alte Regel für Horoskope:
Nächste Woche müssen Sie vorsichtig sein, aber im richtigen

Moment auch mutig. Oder: Sie sind ein im Grunde sehr sparsamer Mensch, aber wenn es darauf ankommt auch freigiebig. Da fühle ich mich wunderbar charakterisiert, denke, der hat mich unglaublich begriffen. Das heißt ja gar nichts, aber ich fühle mich geschmeichelt, weil ich denke, im richtigen Moment bin ich geizig, im richtigen großzügig. Die Mode macht das ja schon eine Weile, also Lederjacken mit Seidenspitzen, die Mode arbeitet seit einiger Zeit mit diesen in sich gegensätzlichen Dingen, und ich finde, es ist ein schwacher Trick, daß die Dinge piekfein sind, aber man könnte sie auch auf eine Urwaldexpedition mitnehmen.

Das ist mir in Frankreich aufgefallen. Da habe ich mit Elizabeth Garouste gesprochen, die macht mit dem Mattia Bonetti zusammen so dekorative Möbel, die sich z.T. sehr der Geschichte bedienen, Afrikas bedienen und dieses ganze Formenrepertoire benutzen, Luxus zu schaffen, sagen sie, aber die Materialien seien billig. Es sehe nur aus wie Gold. Aber letzten Endes stehen diese Möbel doch in Designgalerien, Möbelboutiquen und sind wahnsinnig teuer. Das ist wie mit dem Generaldirektor in Jeans.

Oder es gibt so elegante Jeeps, denen man ansieht, daß du eigentlich nicht in den Urwald kannst, aber sie haben die Eigenschaften eines kriegstüchtigen Autos. Das ist so ein Versuch, Sprachen zu vermischen und daraus Reichtum zu erzeugen. Manchmal ist es lustig, aber es ist auch ein ungedeckter Scheck. Es entsteht Reichtum, wo er nicht ist. Wie ,,Sie sind sehr sparsam ...'' Diese Tasche ist eigentlich für den Salon, aber man kann sie auch in den Urwald mitnehmen. Das ist natürlich reich, aber es ist auch dünn. Es müßten präzisere Informationen hinein.

Man kann heutzutage angesichts der sehr großen Unterschiede - die einen haben alles, stellen es zur Schau, die anderen haben nur eine Vision von Reichtum, sonst nix - eine Zukunft sich denken, in der man sagt, wir versprechen, eine neue Be-

scheidenheit zu propagieren, die mit allen Mitteln, die man so hat, einen gewissen Ausgleich für alle zu schaffen versucht.

Diese Objekte müßten befriedigend reich sein an Information. Auch weil die Reichen ja so reich sind, daß sie ihr Geld nicht mehr wegbringen. Du kriegst effektiv als reicher Kerl dein Geld nicht mehr weg. Du kannst unsinnig hochgetriebene Kunstwerke kaufen, aber mit reinem Luxus schaffst du es nicht. Niemand kann eine Million ausgeben für Luxus - sonst bist du im Krankenhaus. Also ist die Frage, ob es ein Zeitalter des Überflusses gibt, wo Sparen einen Ausdruck schafft, wo Ware an sich nicht mehr zählt, sondern nur noch, was sie bedeutet. Das wäre eine Zukunftsvision, wenn Dinge einmal nicht mehr mit Erwerb und Arbeit verbunden sind, sondern genügend davon da ist und mehr als da ist, kann man - und sollte man schon aus ökologischen Gründen - nicht verbrauchen. Dann käme es darauf an, die wenigen Dinge, die wir brauchen, wirklich amüsant und raffiniert zu machen. So wie man nicht immer mehr ißt - weil man gar nicht so viel Hunger hat - sondern immer besser, so müßten die Dinge raffinierter werden. Früher konnte man ja sein Geld los werden mit Schlössern oder Pferden. Aber das hat heute seine Grenzen.

Mmh.

Wäre interessant, wenn es ein Raffinement gäbe, das nicht viel kostet, allen zugänglich ist und nicht viel Material verschleißt.

Dann muß es aber auch verfügbar sein. Es gibt, gerade in der jüngeren Generation, Designer, die in so eine Richtung arbeiten, aber das ist gesellschaftlich noch nicht als etwas wertvolles erkannt. Es wird als Mode oder als Chic verkauft.

Das ist doch auch das Gute am Scheitern des Massenprodukts. Wir haben in Ulm an das Massenprodukt geglaubt, meinten, die Kaffeemaschine von von Klier, das ist dann die Kaffeemaschine, die gibt's dann zwanzigmillionenfach. Und das ist ja nicht so.

Bezeichnenderweise wird ja von der Industrie sehr viel getan, die Produkte häufig zu wechseln und gar nicht so sehr die hohen Stückzahlen anzupeilen.

Selbst wenn die Dinge aussehen, als gäb's 'ne Million, gibt es doch nur tausend.

Mmh.

Gruss aus Tahiti

Tahiti
Die Eingeborenensiedlung

Tag des 18.Juni Spaziergang

Fahrt nach Tahiti, FB 13 GhK Aktion 18.6.1987

Biographien

Biographien

LUCIUS BURCKHARDT
Geboren 1925 in Davos/ Schweiz, Soziologe, Dr.phil., lehrte an der Hochschule für Gestaltung Ulm und an der Eidgenössischen Technischen Hochschule Zürich. Gleichzeitig arbeitete er von 1962-1972 als Redakteur der Zeitschrift „Werk". Von 1973-1994 Professor an der Gesamthochschule Kassel im Fachbereich Architektur, Stadt- und Landschaftsplanung. 1985 erschien neben vielen anderen Büchern „Die Kinder fressen ihre Revolution".

FRANÇOIS BURKHARDT
Geboren 1936 in Winterthur/ Schweiz. Studierte Architektur an der ETH in Lausanne. Von 1960-1971 arbeitete er in der Schweiz und in Deutschland. 1970-71 lehrte er an der Fachhochschule für Gestaltung in Kiel. 1969-71 Direktor des „Kunsthaus Hamburg". Von 1971-1984 Direktor des Internationalen Designzentrums in Berlin. Von 1984-1991 Direktor des C.C.I. im Centre Pompidou, Paris. Inzwischen hat er eine Professur für Designtheorie und -geschichte an der Hochschule der bildenden Künste in Saarbrücken übernommen. Er publizierte viele Bücher über Design/ Architektur und Kunstgeschichte.

DEAD CHICKENS
Wurden 1983 in Berlin gegründet und begannen als Musikgruppe. Entwickelten sich in andere künstlerische Bereiche hinein, Möbelentwürfe, Fotografie, Mode etc. Zu den führenden Mitgliedern gehören Hannes Heiner, KAI, Breeda Chen Chen und Henryk Welffenbach. Seit 1990 existiert „Dead Chickens Warehouse" in Berlin.

EICHINGER ODER KNECHTL

Gregor Eichinger, geboren 1956 in Wels/ Österreich, studierte Architektur an der Technischen Hochschule in Wien/ Christian Knechtl, geboren 1954 in Baden/ Österreich studierte Architektur an der Technischen Hochschule in Wien. Beide arbeiten in den Bereichen Typographie, Film, Architektur und Innenausstattung seit 1975 zusammen. Derzeit führen sie ein gemeinsames Büro in Wien. Seit 1982 sind sie Gründungsmitglieder der Gruppe Rastlos.

GAROUSTE & BONETTI

Elizabeth Garouste, geboren in Paris, lebt in Marcilly Sur Eure, besuchte die École Cammondo, arbeitete im Mode-Business und am Theater als Bühnenbildnerin. Mattia Bonetti, geboren in Lugano/ Schweiz, lebt in Paris und ging zur École d'Arts Appliqués in der Schweiz, arbeitete als Textildesigner und Fotograph. Beide arbeiten seit 1980 zusammen.

H.R.GIGER

Geboren 1940 in Chur/ Schweiz. Arbeitete von 1959-1966 als Zeichner in einem Architekturbüro. Von 1962-1965 besuchte er die Kunstgewerbeschule in Zürich, die er als Industriedesigner verließ. Seitdem lebt und arbeitet er als selbständiger Maler und Designer in Zürich. Er hatte auf der ganzen Welt Ausstellungen und bekam 1980 einen Oscar für die beste Ausstattung und Effekte in dem Film „Alien".

STEFANO GIOVANNONI

Schloß 1979 sein Studium der Architektur in Florenz ab. Lebt und arbeitet in Mailand. Seit 1979 lehrte und forschte er an der Architekturfakultät in Florenz, seit 1989 an der Domus Akademie in Mailand. Im Moment ist er Professor an der Universität in Reggio Emilia. 1985 war er einer der Gründer der „Bolidist" Bewegung. mit Guido Venturini war er an der „King Kong" Produktion beteiligt. Er gewann mehrere internationale Designpreise und -wettbewerbe. Seit 1990 arbeitete er alleine oder kollaborierte mit anderen Büros.

MASSIMO IOSA GHINI

Geboren 1959 in Bologna/ Italien. Studierte Architektur in Florenz und Mailand. Von 1982-83 designte er Comics und Illustrationen für Magazine wie Heavy Metal, Alter Alter, Frigidaire, Fashion News etc. Er lehrt „Visualisation" am Europäischen Design Institut in Mailand. Gegenwärtig arbeitet er mit der Industrie als Produktdesigner und Berater und ist als Designer und Architekt tätig. Er war Mitglied der „Bolidist" Bewegung. Er lebt und arbeitet in Bologna and Mailand. Seit 1982 ist er Mitglied bei RASTLOS.

JAMES IRVINE

Geboren 1958 in London. Absolvent der Royal College of Art, 1984. Siedelte nach Mailand um und arbeitete als Designer bei Olivetti. Im Kulturaustausch der Firma Olivetti arbeitete er für ein Jahr bei Toshiba in Japan. 1987 nahm er an „12 New Memphis 86" teil und ist Mitglied der Gruppe „Solid". 1988 eröffnete er sein eigenes Büro. Seit 1993 ist er Partner bei Sottsass Associati in Mailand.

AXEL KUFUS

Geboren 1958 in Essen/ Deutschland. Nach Abitur Bau- und Möbelschreinerlehre in Kempen/ Niederrhein, von 1979-1982 Zusammenarbeit mit dem Bildhauer R.Mühlemeier in Bischofsheim/ Rhön, 1983 Meisterschule für das Tischlerhandwerk in Bad Wildungen, von 1983-1986 Zusammenarbeit mit der Bildhauerin U. Holthöfer in Kassel, Berlin und Düsseldorf. Seit 1985 Studien des Industriedesign an der HdbK-Berlin. Seit 1986 Teilhaber der Crellewerkstatt Berlin, 1988 Zusammenarbeit mit J. Morrison und A. Brandolini für Utilism International, Entwicklung und Produktion serieller Möbel. Seit 1993 Professur an der HAB Weimar.

JAVIER MARISCAL

Geboren 1950 in Valencia/ Spanien, 1971 absolvierte er in Graphik-Design an der Escuela Elisava in Barcelona. Seit 1972 arbeitet er für „Untergrund-Comics". Mit Freunden entwickelte er „El Rrollo Enmascarado" und sie zeichneten, publizierten und verkauften ihre Comics. 1977 begann er mit Dekoration, Möbelentwürfen, Verpackungen, Schallplatten, Videos, Keramik, Teppichgestaltung und Innenausstattung etc... Seit 1981 arbeitete er mit Memphis. Seit 1989 unterhält er ein großes Büro in Barcelona.

ALESSANDRO MENDINI

Geboren 1931 in Mailand/ Italien, lebt und arbeitet in Mailand. Er studierte Architektur war Mitglied bei Nizzoli Associati und bei der freien Schule für individuelle Kreativität „Global Tools". Er war Direktor der Magazine „Casabella", „Modo", „Domus" und „Ollo". Er war führendes Mitglied des „Studio Alchimia". Gegenwärtig führt er sein Büro „Mendini Architetti" in Mailand.

JASPER MORRISON

Geboren 1959 in London, lebt und arbeitet dort. Von 1979-84 studierte er Industrial-Design an der Kingston School of Art und der Royal College of Art in London. Von 1983-84 Berlin-Stipendium. Er arbeitet für italienische, deutsche und englische Firmen. Seit 1982 Mitglied von Rastlos. Seit 1989 arbeitet er mit A. Brandolini und A. Kufus für Utilism International.

„NEOTU" - Design Galerie

1985 von Pierre Staudenmeyer und Gerard Dalmon in Paris gegründet. Sie sind die derzeitigen Besitzer der Galerie und eröffneten 1990 eine Filiale in New York.

OGAR GRAFE

Geboren 1962 in Berlin, lebt und arbeitet dort. Von 1980-84 Gründungsmitglied von „Teufelsberg Filmproduktion", seit 1984 Mitglied der „Justine Boutique Singers", arbeitet seit 1989 mit Oliver Koerner von Gustorf als „Louvreboutique". Zahlreiche Veröffentlichungen.

DENIS SANTACHIARA
Geboren 1951. arbeitet seit 1966 als Designer. Seit 1975 beschäftigt er sich mit Linguistik und neuer Technologie und deren Ästhetik. Er entwirft Objekte für die Kunst und die Industrie, Einrichtungen und Ausstellungsdesign. Er arbeitet für italienische und internationale Firmen, in Forschung und Entwurf.

OSCAR TUSQUETS BLANCA
Geboren 1941 in Barcelona, wo er lebt und arbeitet. Er besuchte die Kunstgewerbeschule und studierte Architektur an der Technischen Hochschule Barcelona. 1964 eröffnete er sein Büro PER, zusammen mit Pep Bonet, Christian Cirici und Lluìs Clotet. 1983 gründete er ,,B.D. Ediciones de Diseno". Seit 1983 arbeitet er für italienische und andere europäische Firmen. Neben seinem Designbüro führt er mit Carles Diaz das Architekturbüro ,,Tusquets, Diaz & Assoc.".

VITRA EDITION
Wurde 1934 als Vitra Gesellschaft gegründet, 1950 Vitra-Germany, 1957/58 Produktion der Herman Miller Collection in Lizenz, 1986 kauft Vitra alle Rechte an dem Design von Eames und Nelson für Europa und dem Mittleren Osten, 1987 Gründung der ,,Vitra Edition", 1989 Eröffnung des ,,Vitra Design Museum".

Verlagsprogramm

WOLFGANG MÜLLER
Die allcrallerschönsten Interviews/ BAT, Das Buch zur
Schallplatte, 96 S., mit Fotos und Zeichnungen, 20 DM
ANDREAS BRANDOLINI
Der Haken - Texte über Design,
112 S., mit Fotos von Eva Maria Ocherbauer, 20 DM
UELI ETTER
Im Jammertal der MENSCHEN und DINGE,
mit Zeichnungen, 64 S., 16 DM
ANNEMARIE BURCKHARDT
Der falsche documenta-Katalog,
64 S., mit Fotos und Karikaturen, 16 DM
HEINZ EMIGHOLZ
Krieg der Augen, Kreuz der Sinne,
96 S., mit Fotos und Zeichnungen, 20 DM
TABEA BLUMENSCHEIN
Das Kreuz der Erfahrung,
80 S., Faksimile, Fotos und Zeichnungen, 20 DM
DIE TÖDLICHE DORIS
Band 1, Vorträge, Memoiren, Essays, Hörspiel,
Postwurfsendungen, Stücke, Flugblatt, Dichtung,
128 S., mit Fotos und Zeichnungen, 25 DM
MORITZ R
DER PLAN - Glanz und Elend der neuen deutschen Welle:
Die Geschichte einer Band, 200 S., s/w - Farbfotos, 30 DM
HEINZ EMIGHOLZ
Seit Freud gesagt hat, der Künstler heile seine Neurose
selbst, heilen die Künstler ihre Neurosen selbst,
96 S., Zeichnungen, s/w und Farbe, 20 DM
DEREK JARMAN
Blue - Das Buch zum Film,
72 S., deutsch/englisch, 20 DM

WOLFGANG MÜLLER
Die Tödliche Doris - Weisser Burgunder aus Schweigen,
Hrsg. Galerie v.Witzleben, 32 S., englisch/deutsch, Fotos
und Zeichnungen, 20 DM
WOLFGANG MÜLLER
Hormone des Mannes, Ein deutsches Lesebuch,
Tabea Blumenschein, Françoise Cactus, Heinz Emigholz,
Ueli Etter, Ogar Grafe, Harald Fricke, D. Holland-Moritz,
Cord Riechelmann, Barbara Stauss, 160 S., Fotos und
Zeichnungen, 30 DM
MARTIN SCHACHT & KATJA HOEFT
Stars in Heaven, 50 S., Farbfotos, 129 DM
MARC BRANDENBURG
Das Bilderbuch - picture book,
96 S., englisch/deutsch, 25 DM

IN VORBEREITUNG:

HEINZ EMIGHOLZ
Das Schwarze Schamquadrat,
192 S., Fotos und Zeichnungen, 30 DM
HEINZ EMIGHOLZ
Normalsatz (Zwölf Filme und ein Projekt),
96 S., Fotos und Zeichnungen, 25 DM
WOLFGANG MÜLLER
Blue Tit, Das Deutsch-Isländische Blaumeisenbuch,
mit Fotos von Nan Goldin, 96 S., Zeichnungen, 25 DM
OGAR GRAFE/ EVA MARIA OCHERBAUER
Das Kräuterufo, Science-Fiction, 96 S., Fotos, 25 DM
ELFI MIKESCH
Euphrasia - 1:1.85, Texte und Fotos, 96 S., 25 DM
D. HOLLAND MORITZ
Der Weg durch Gegenwelt, Texte und Fotos, 128 S., 25 DM